AUTHOR NAME:

이시쿠라 히데아키

TRANSLATOR NAME:

이다인

TITLE:

THE FORMAT

SUBTITLE:

책잡힐 일 없는 최강의 업무 글쓰기

PUBLISHER:

인간희극

THE FORMAT

Copyright © Hideaki Ishikura, 2022
All rights reserved

Original Japanese edition published by Sunmark Publishing, Inc.

Korean translation rights arranged with Sunmark Publishing, Inc. through Eric Yang Agency Co., Seoul.

Korean translation rights © 2023 by Human Comedy Publishing Co., Ltd.

- 이 책의 한국어판 저작권은 EYA Co.,Ltd를 통해 Sunmark Publishing, Inc.과 독점 계약한 인간희극이 소유합니다.
- 저작권법에 의하여 한국 내에서 보호를 받는 저작물이므로 무단 전재 및 복제를 금합니다.

좋은 글쓰기의 핵심은
유려한 「문장력」이 아닙니다.

가장 중요한 것은
「무엇을 어떻게 쓰면 제대로 전달되는지」
아는 것입니다.

프롤로그

어떻게 소통해야 업무가 순조롭게 진행될까 고민하시나요?

안녕하세요? 이 책을 선택해 주셔서 진심으로 감사드립니다. 저는 주식회사 캐스터^{Caster}의 대표이자 일본 리모트워크^{Remotework} 협회 이사직을 맡고 있는 이시쿠라 히데아키라고 합니다.

이 책『THE FORMAT』은 정해진 항목을 채우기만 하면 되는 간단한 방법으로 상대방에게 오해 없이, 정확하게 전달되는 글을 쓰기 위한 책입니다. 글재주가 조금 부족하다 해도 적당한 포맷을 골라 내용을 채워 넣기만 하면 이해하기 쉬운 문장이 완성됩니다.

먼저 제가 이 책을 쓰게 된 계기부터 말씀드리겠습니다. 제가 근무하는 캐스터는 코로나 바이러스가 기승을 부리기 훨씬 이전인 2014년 창업 당시부터 전 직원이 재택근무를 하고 있습니다. 정규직, 계약직, 파견직을 모두 포함해 1,500명이 넘는 직원들은 현재 전 세계 23개국, 일본 내 47개 도도부현에 흩어져 살고 있습니다. 저는 캐스터에서 함께 일하는 직원 대부분과 단 한 번도 만난 적이 없습니다.

캐스터는 '팬데믹 이전부터 전면 재택근무를 시행하며 글로만 일하는 독특한 회사', '직원들끼리 얼굴 볼 일이 거의 없는데도 꾸준한 성장세를 보이는 신기한 조직'이라는 평을 들어 왔습니다. 그리고 코로나19 사태로 일본에서도 재택근무가 확대되기 시작하며 비대면 업무와 관련된 수많은 취재와 상담 요청을 받게 되었습니다.

제가 받은 상담 내용의 90퍼센트 가까이는 직접 만나지 않고 글로만 업무를 진행하는 방법에 관한 것이었습니다.

"이메일로는 상사의 의견을 묻기가 어려워요."

"이메일이나 메신저로는 상대의 감정을 파악할 수 없다 보니 필요 이상으로 신경이 쓰여서 너무 피곤해요."

"하고 싶은 말을 전부 글로 적으려다 보면 문장이 너무 길어져서 그냥 전화로 하는 게 빠르지 않나 싶은 생각이 들어요."

"후배가 보낸 메시지가 너무 길면 읽고 싶은 마음이 사라져버려요."

"이메일이든 서류든 작성하는 데 시간이 너무 오래 걸려서 매번 쓰다 지쳐요."

주로 이와 같은 고민들이었죠. 직접 만나지 않고 글로만 일을 진행시키는 것에 어려움을 느끼는 분들이 그만큼 많다는 뜻일 겁니다. 심한 경우 '만나서 대화로 하는 편이 빠른데 왜 글로 쓰라는 건지 도무지 이해가 안 간다'라는 생각을 하는 분들도 계실 테고요.

비즈니스 글쓰기를 둘러싼 다섯 가지 오해

캐스터에서는 '쓰기'와 '읽기'가 모든 커뮤니케이션의 중심입니다. 물론 줌^{Zoom}이나 구글 밋$^{Google\ Meet}$ 같은 업무용 툴을 활용해 화상회의를 진행할 때도 있지만, 업무 대부분은 메신저나 이메일을 통한 쓰기와 읽기를 베이스로 이뤄집니다. 대면으로 일하는 경우는 거의 없다고 볼 수 있죠.

이와 같은 업무 처리 방식은 코로나19로 인해 어쩔 수 없이 선택한 것이 아닙니다. 읽고 쓰는 방식으로 일하는 편이 더욱 빠르고 효과적으로 성과를 낼 수 있다는 사실을 알기 때문에 팬데믹 이전부터 이 방식을 고수해 온 것입니다.

"쓰는 요령만 알면 직접 만나는 것보다 훨씬 빠르고 편하게 일이 진행됩니다." 취재하러 오신 분이나 상담을 요청하신 분들께 제가 이렇게 말씀드리면 대부분 고개를 끄덕이시면서도 '정말인가…?' 싶은 표정을 지으십니다. "캐스터에 글을 잘 쓰는 직원들이 모여 있는 건 아닌가요?"라는 질문을 받은 적도 있습니다만, 전혀 그렇지 않습니다. 앞으로 소개할 '포맷'을 사용하면 이메일을 쓰거나 서류를 작성할 때 오해의 소지 없이 명확하게 전달되는 문장을 누구나 쉽고 빠르게 쓸 수 있습니다.

제가 7년에 걸쳐 완성해낸 포맷으로 모두가 쉽고 빠르게 쓸 수 있기를 바랍니다

실제로 이메일이나 채팅으로 일해본 경험이 있는 분들이라면 다음과 같은 생각을 한 번쯤은 해보셨으리라 짐작됩니다.

① 글로만 일하다 보면 해야 할 말을 다 못하지 않나?
→ 아무리 공들여서 써봤자 제대로 전달되지 않아서 너무 답답해.

② 만나서 대화로 하는 편이 결국 더 빠르지 않나?
→ 어떻게 써야 하는지 고민할 시간에 차라리 만나서 이야기하는 편이 빠를 것 같은데…

③ 글만 봐서는 감정을 알 수 없지 않나?
→ '혹시 화가 난 걸까?', '정말 괜찮다고 생각하는 건가?' 싶어서 자꾸만 불안해져.

④ 여러 사람이 함께 호흡을 맞춰 일하기 힘들지 않나?
→ 특히 회의 같은 건 현장의 분위기나 기세도 중요할 텐데…

⑤ 일하는 시간이 늘어나지 않나?
→ 여러 차례 이메일을 주고받다가 결국은 확인 전화까지 해야 하는 게 너무 번거로워.

어떠신가요? 이 책을 읽고 계신다는 건 평소 텍스트 기반의 업무 처리 방식에 어려움을 느끼시거나 혹은 그 과정이 번거롭다고 생각하신다는 뜻일 테니 "맞아, 맞아!" 하며 공감하셨을지도 모르겠네요. 하지만 제 개인적인 견해로는 이 다섯 가지 모두 오해입니다.

① 글로만 일하다 보면 해야 할 말을 다 못하지 않나?
→ 무엇을 어떻게 써야 하는지만 알면 필요한 내용을 얼마든지 쉽게 전달할 수 있습니다.

② 만나서 대화로 하는 편이 결국 더 빠르지 않나?
→ 글로 쓴 내용은 자산으로 남습니다. 한 번 작성해 두면 여러 사람에게 몇 번이고 반복해서 같은 내용을 전달할 수 있을 뿐 아니라, 보존이나 검색도 가능하기 때문에 장기적인 관점에서 보면 압도적으로 시간을 단축하는 셈입니다.

③ 글만 봐서는 감정을 알 수 없지 않나?
→ '감정을 글로 적는다', '대화를 한 번으로 끝내지 않는

다' 이 두 가지만 실천하면 상대방의 감정을 알 수 없어 고민하는 일은 줄어듭니다.

④ 여러 사람이 함께 호흡을 맞춰 일하기 힘들지 않나?
→ 말로 할 때는 전달되는데 글로 하면 전달되지 않는 부분이 없는지 서로 조금씩만 주의하면 충분히 호흡을 맞춰 일할 수 있습니다.

⑤ 일하는 시간이 늘어나지 않나?
→ 잘 쓸 수만 있다면 전 직원이 여러 번 반복해서 공유하고 참고할 수 있는 자료가 쌓이게 됩니다. 그러면 점차 업무 효율이 높아지며 오히려 일하는 시간은 줄어듭니다.

그럼에도 "그래서 이해하기 쉬운 문장은 도대체 어떻게 쓰는 건데요? 쓸 줄 안다고 해도 시간이 너무 오래 걸리는 걸요. 그러니까 차라리 만나서 말로 하는 편이 나아요."라는 목소리가 들려오는 듯하네요.

이렇게 생각하는 분들이 많이 계시기에 이 책이 탄생하였습니다.

앞서 말씀드린 것처럼 이 책은 정해진 항목을 채우기만 하면 되는 간단한 방법으로 오해 없이 정확하게 전달되는 문장을 쓰기 위한 책입니다. 적절한 포맷을 골라 내용을 채워 넣다 보면 이해하기 쉬운 문장이 빠르게 완성됩니다. 이 책에서 소개하는 포맷들은 제가 전면 재택근무를 시행하면서도 꾸준히 성과를 쌓아나가고 있는 회사에서 일하며 7년에 걸쳐 만들어낸 것입니다.

상황에 따라 적절히 선택하여 사용하실 수 있도록 아홉 가지 포맷을 실었습니다.

필요할 때 골라 쓰는 「THE FORMAT」 9가지 패턴

포맷 1 **[막막할 때는 이것]** 확실히 전달되는 만능 포맷

포맷 2 **[원하는 결과물을 얻으려면]** 업무 지시용 포맷

포맷 3 **[빠른 결재가 필요할 때]** 승인 요청용 포맷

포맷 4 **[방침을 결정해야 할 때]** 논의용 포맷

포맷 5 **[회의 자료]** 작성하는 동시에 일정 정리까지 가능한 포맷

포맷 6 **[실적 보고]** 바꿀 수 없는 숫자를 좋아 보이게 만드는 포맷

포맷 7 **[회의 어젠다]** 아이디어를 샘솟게 하는 포맷

포맷 8 **[예산 승인 요청]** 바쁜 상사에게 간결하게 전달하는 포맷

포맷 9 **[연간 사업계획]** 전 직원을 한 방향으로 이끄는 포맷

이 아홉 가지 포맷이면 대부분의 업무 상황을 커버할 수 있습니다. 즉 무언가를 써야 하는 상황이 생길 때마다 어떤 포맷을 가져다 쓸지만 결정하면 됩니다. 그 다음은 포맷에 내용을 채워 넣기만 하면 '글을 잘 쓴다', '이해하기 쉽

다'와 같은 말을 들을 만한 이메일, 보고서, 회의록, 제안서 등을 써낼 수 있게 되는 것입니다.

포맷을 사용하면 누구나 빠르고 편하게 업무 성과를 낼 수 있게끔 고민을 거듭하여 만들었습니다.

2030년 이후, 제대로 쓸 줄 아는 사람이 필요해지는 이유

제가 이 책을 써야겠다고 마음먹은 또 한 가지 이유가 있습니다.

신종 코로나바이러스 감염증의 유행으로 일본에 긴급사태가 선언되자 많은 기업에서 재택근무 제도를 도입했습니다. 긴급사태가 해제된 이후에도 야후나 메루카리 같은 유명 IT 기업은 물론, 도요타나 NTT 등의 여러 대기업에서 재택근무 횟수 제한과 코어 근무시간 설정을 폐지하기 시작했습니다. 제가 이전에 근무했던 DeNA도 전국 각지에서 유능한 인재를 적극적으로 채용하기 시작했고, 출퇴근 교통비 지원을 확대한다는 방침을 발표하였습니다. 또한 구글처럼 전통적인 사무실 근무와 재택근무를 혼합한 하이브리드 근무를 시작한 기업들도 있습니다.

물론 반대로 코로나19로 재택근무 제도를 도입했으나 최근 다시 사무실 근무로 되돌아간 기업도 많습니다.

"출근하지 않으면 직원들을 관리하기가 어려워요."
"재택근무를 하니 생산성이 확연히 떨어지더군요."

이런 의견들도 종종 듣습니다.

다만 '재택근무를 장려하는 회사'와 '출퇴근을 장려하는 회사' 중 지금 어느 곳에 몸담고 있는지에 따라 자신도 모르는 사이 직장인으로서의 시장 가치가 달라질 수 있다는 사실을 알아두셔야 합니다.

아직 실감하기 어려우시겠지만 앞으로 우리가 일하는 환경은 크게 변화해나갈 것입니다. 회사원이라도 사무실로 출퇴근하지 않는 사람, 부업을 하는 사람, 프리랜서로 일하거나 자영업을 하는 사람의 수가 확실히 늘어날 것으로 예상됩니다. 그렇게 되면, 가령 출퇴근하는 회사에 다니고 있더라도 외부 사람과 미팅을 하는 등 직접 만나 얼굴을 맞대고 일할 기회가 줄어들겠지요. 그리고 직접 만나지 않아도 성과를 내는 사람과 직접 만나지 않으면 성과를 내지 못하는 사람으로 나뉘기 시작할 것입니다.

출근하지 않으면 능률이 떨어지는 사람이 되어서는 안 됩니다

요즘은 이런 이야기도 자주 들려 옵니다. 재택근무를 종료하고 출퇴근을 강요하자 불만이 쌓인 직원들이 퇴사까지 고려하기 시작했고, 특히 일 잘하는 직원부터 그만두고 있다고 말입니다.

이러한 흐름을 자유로운 업무 형태가 대세로 떠오르고 있다는 정도로만 받아들이는 것은 위험합니다. 실제로 여기서 중요한 것은 '출근하지 않으면 능률이 떨어지는 사람'과 '출근하든 안 하든 제 몫을 다해내는 사람'이 가려지기 시작했다는 사실입니다.

쉽게 말해 앞으로는 회사 방침에 따라 구성원의 질이 달라질 수 있습니다. 일본은 현재 인구 감소로 인해 인재 획득 경쟁이 심화되고 있습니다. 과거에는 기업이 우수한 사람을 선발하여 들여보내 주는 방식이었다면 앞으로는 우수한 사람이 들어와 주는 조직을 목표로 할 필요가 있다는 뜻입니다.

'같은 시간에 같은 공간에서 근무할 수는 없지만 우수한 직원'을 채용할 수 있는 회사와 그렇지 못한 회사가 생겨납니다. 그리고 더 나아가 이러한 변화에 적응하지 못한 회사는 구성원의 질이 점차 떨어지겠지요.

'아무리 많이 뽑아도 쓸 만한 사람이 없네.'
'요즘 젊은 친구들은 이래서 안 돼.'

만약 이런 생각을 해보신 적이 있다면 위험하다는 신호입니다. 선택받지 못하는 회사가 되는 첫걸음을 이미 내디딘 것은 아닌지 생각해 볼 때입니다.

어떤 환경에서든 성과를 낼 수 있는 인재가 되기 위해 필요한 것

지금은 전면 재택근무를 시행하는 회사에 다니는 사람의 수가 더 적을 것입니다. 코로나19로 재택근무 제도를 도입하기는 했지만, 이내 사무실 근무로 되돌아간 회사에 다니는 분들도 상당히 많으시겠죠. 물론 그런 회사를 지금 당장 그만두고 전면 재택근무를 보장하는 회사로 이직해야 한다는 주장을 하려는 것은 절대 아닙니다.

여기서 주목해야 할 점은 앞서 말씀드린 대로 출근하지 않으면 능률이 떨어지는 사람이 되지 않는 것입니다. 출근해야만 능률이 오르는 사람이 되어버리면 비슷한 부류의 사람들만 모인 회사에 남아 있어야 하므로 선택의 폭이 줄어듭니다. 지금은 사무실 출근이 기본 방침인 회사에 다니고 있다 하더라도 앞으로 재택 간병이나 수도권 집값 등의 이슈를 고려하면 재택근무로도 성과를 낼 수 있는 사람이 될 필요성은 점차 강해질 것입니다.

그렇다면 어디에서 일하든 높은 능률을 유지하는 사람이 되기 위해 필요한 것은 무엇일까요? 제가 생각하기에는 멀리 떨어진 장소에서 다른 시간대에 일하는 사람, 부업을 하는 사람, 프리랜서로 일하는 사람 등 다양한 형태로 일하는 사람들과 함께 팀을 꾸려 성과를 내는 능력이 필요합니다.

그럼 어떻게 해야 다양한 장소에서 다양한 시간대에 다양한 형태로 일하는 사람들과 협업하여 성과를 낼 수 있을까요? 그 방법은 바로 '텍스트 커뮤니케이션으로 일을 진행하는 능력'을 키우는 것입니다.

앞으로는 일도 연애도 잘 쓰는 사람이 성공합니다

다가오는 미래에는 일하는 장소뿐만 아니라 일하며 커뮤니케이션하는 방법도 달라집니다. 우리는 커뮤니케이션의 주요 전쟁터를 다음과 같이 업데이트해야 할 시기에 접어들고 있습니다.

- 말하기, 듣기 → 쓰기, 읽기
- 같은 시간에 같은 일을 한다 → 각자 원하는 시간에 일한다
- 분위기를 읽는다 → 글을 읽는다

지금까지 업무에 활용되던 커뮤니케이션 방식은 말하기, 듣기가 주류였습니다. 하지만 앞으로는 쓰기와 읽기로 바꿔어 나갈 것입니다.

사실 교우관계나 가족관계 등에 있어서는 이미 텍스트 커뮤니케이션 능력이 요구되고 있습니다.

한번 생각해 보시기 바랍니다. 매주 회식에 빠짐없이 참석해 분위기를 잘 띄우는 사람과 메신저로 주고받는 대화가 잘 통하고 재미있는 사람 중 요즘은 누가 더 인기가 많을까요? 마음에 드는 상대를 발견했을 때 길에서 대화로 잘 구슬려 데이트를 신청하는 것과 SNS로 소통을 이어가며 친해진 다음 데이트를 신청하는 것 중 어느 쪽의 성공 확률이 더 높을까요? 모든 연락을 전화로만 하는 가족과 단체 채팅방을 사용하는 가족 중 요즘은 어느 쪽이 더 많을까요?

맞습니다. 최근 가족이나 친구, 지인과의 소통 방식은 거의 쓰기와 읽기가 메인입니다. 그러니 우리에게 필요한 커뮤니케이션 능력이 바꾸어 가는 것도 당연한 일이지요. 회

식에서 분위기를 띄우는 것보다 잘 쓴 메시지로 대화를 주고받을 줄 아는 것이 더 중요해졌습니다. 말을 잘하는 사람보다 글을 잘 쓰는 사람이 소통 능력의 측면에서 더 높은 평가를 받는 시대로 접어든 것입니다.

글쓰기가 시장 가치와 커뮤니케이션 능력을 좌우하는 시대

텍스트 커뮤니케이션을 잘하는 사람이 늘어나게 되면 지금까지 대면으로 적당히 분위기를 띄워 성과를 내던 사람이 어째서인지 일이 좀처럼 풀리지 않는 상황이 발생하기 시작합니다.

반대로 지금까지는 의견도 거의 내지 않고 딱히 눈에 띄지 않던 사람이라도 업무 내용을 제대로 전달하거나 읽어낼 수 있으면 '같이 일하기 편하다', '이해하기 쉽게 보고해서 오해가 없다' 등의 긍정적인 평가를 받게 됩니다.

이것은 시대의 흐름이라고밖에 말할 수 없습니다. 과거에는 많은 사람을 한곳에 모아놓고 기세로 밀어붙이는 사람이 필요했던 부분도 분명 있었습니다. 하지만 지금은 많은 사람에게 업무 내용을 명확하게 전달하여 그대로 움직이게 하는 사람이 필요합니다.

또한 그동안 갈고닦은 능력이 이전만큼 도움이 되지 않는 일도 생깁니다. 예를 들어 눈치껏 헤아려 상황을 파악하는 능력은 텍스트 커뮤니케이션 환경에서는 제대로 기능하지 않습니다. 사무실에 있다 보면 옆 사람이 평소보다 바쁘다는 사실을 자연스럽게 눈치채고 필요하다면 도움을 줄 수도 있습니다. 하지만 재택근무에서는 이것이 불가능합니다. 헤아려주고 싶어도 헤아려줄 수 없는 상황인 셈이지요.

하지만 이 또한 텍스트 커뮤니케이션을 적절히 활용하면 간단히 해결됩니다. 팀원 전원이 볼 수 있는 공간에 지금 일이 너무 많아 처리가 어렵다고 편하게 적을 수 있는 환경을 마련한다면 이후 도움을 주고받는 과정은 이전과 같습니다.

기존의 전통적인 기업 환경에서는 '말하기'와 '듣기' 능력이 특히 강조되었고, 굳이 말로 하지 않아도 이해하는 관계를 중요하게 여겨 왔습니다. 그런 사람일수록 우수한 직원으로 평가받기도 했고요. 어찌 보면 이러한 능력을 발휘하기 위해 오랜 시간 같은 공간에서 일할 필요가 있었는지도 모릅니다.

재택근무를 시작으로 현재 우리가 경험하고 있는 일하는 방식의 변화는 '어디서 일하든 상관없다'라는 표면적인 변화가 아닙니다.

업무에 필요한 커뮤니케이션은 모두 텍스트 기반으로 바뀝니다. 눈치껏 분위기를 봐 가며 처신하는 것도, 상사가 팀원들을 일일이 감시하는 것도 더는 불가능합니다. 그동안 중요하게 여겨졌던 타고난 센스나 말솜씨보다는 이해하기 쉬운 글을 써내는 능력과 글을 읽고 분석하는 능력이 더욱 강조되기 시작합니다.

그렇기에 앞으로는 글쓰기가 직장인의 시장 가치와 커뮤니케이션 능력을 크게 좌우하는 필수 요소가 될 것입니다. 글을 얼마나 잘 쓰는지에 따라 일의 능률은 물론이고, 의사결정의 질과 인재를 팀에 들이는 능력까지도 달라집니다. 잘 쓰는 사람과 못 쓰는 사람, 둘 중 어느 쪽의 시장 가치가 더 높아질지는 굳이 말할 필요도 없겠지요.

새로운 규칙으로 경기가 다시 시작되는 셈입니다.

이 책의 사용법과 최종 목표

이 책에서는 텍스트 커뮤니케이션 환경에서 긴 시간을 들이지 않고도 순조로운 일 처리가 가능한 글쓰기 방법을 다룰 예정입니다. 지금 이 방법을 익혀두신다면 당장 눈앞에 닥친 업무상의 문제들을 해결할 수 있을 뿐 아니라 미래에 더욱 활약할 수 있는 기술을 손에 넣게 되실 겁니다.

<서장>에서는 글로 일하는 것의 장점에 관해 이야기합니다. 이 내용을 읽어 보시면 상의, 보고, 제안, 인수인계, 승인 등 지금까지는 먼저 약속을 잡고, 만나서 이야기를 나누고, 기록으로 정리까지 해야 했던 일련의 과정을 글쓰기만으로 끝낼 수 있다는 것을 이해하게 되실 겁니다.

<1장>에서는 곧바로 업무에 활용할 수 있는 네 가지 포맷을 소개합니다. 텍스트 커뮤니케이션에서는 읽는 사람이 누구든 같은 내용으로 받아들여지는 것이 중요합니다. 즉 목적지에 도달하기 위해 지도를 사용하는 것처럼 모두가 같은 이해 수준에 도달하기 위해서는 '지도화된 글'을 쓸 수 있어야 합니다. 이를 위해 거의 모든 상황에 적용 가능한 만능 포맷을 비롯하여 업무 지시, 승인 요청, 그리고 논의할 때 유용한 포맷들을 실었습니다.

1장에서 살펴 볼 포맷

포맷 1 **[막막할 때는 이것]** 확실히 전달되는 만능 포맷

포맷 2 **[원하는 결과물을 얻으려면]** 업무 지시용 포맷

포맷 3 **[빠른 결재가 필요할 때]** 승인 요청용 포맷

포맷 4 **[방침을 결정해야 할 때]** 논의용 포맷

<2장>에서는 여러분의 글쓰기 고민을 덜어드릴 열 가지 테크닉을 소개합니다. 주어진 포맷에 내용을 어떻게 채워야 효과적인지, 완성된 글을 어떤 방식으로 주고받아야 일이 순조롭게 진행되는지 등을 알려드립니다.

<3장>에서는 보고서, 어젠다, 회의록, 제안서 등 지금까지도 문서로 정리해오던 것들을 이해하기 쉽게, 통과되기 쉽게, 잘 쓴 것처럼 보이게 만들어주는 포맷을 소개합니다.

특히 3장은 실제 업무 현장에서 사용되었던 예시들을 가져와 하나하나 수정해가며 어떻게 써야 더 좋은지 알아보는 방식으로 구성되어 있어 도움이 많이 되시리라 생각합니다. 이래도 되는 건지 모르겠지만요(웃음), 목표를 달성하지 못했을 때, 즉 결과가 나쁠 때도 좋은 인상을 남기는 문서 작성법을 알려드릴 예정이니 꼭 참고해 보시기를 바랍니다.

3장에서 살펴 볼 포맷

포맷 5 **[회의 자료]** 작성하는 동시에 일정 정리까지 가능한 포맷

포맷 6 **[실적 보고]** 바꿀 수 없는 숫자를 좋아 보이게 만드는 포맷

포맷 7 **[회의 어젠다]** 아이디어를 샘솟게 하는 포맷

포맷 8 **[예산 승인 요청]** 바쁜 상사에게 간결하게 전달하는 포맷

포맷 9 **[연간 사업계획]** 전 직원을 한 방향으로 이끄는 포맷

<4장>은 Q&A입니다. 재택근무나 텍스트 커뮤니케이션과 관련하여 제가 자주 받는 질문들을 모아 답변을 정리해보았습니다.

마지막 <5장>에서는 글로 일하는 업무 환경이 바꿔놓을 미래의 모습을 이야기합니다. 여러분이 지금 회사를 경영하는 입장이시라면, 혹은 앞으로 그런 자리에 오르신다면 우수한 인재를 어떻게 모을 수 있는지, 그리고 재택근무로 업무 성과를 내기 위해서는 어떻게 해야 하는지에 관해 썼습니다.

지금까지는 사람들과 직접 만나서 대화하는 것으로 보완해 왔던 전달 능력을 텍스트만으로도 충분히 해낼 수 있도록 이 책을 통해 훈련해 보시기를 바랍니다. 물론 모두가 처음 겪는 변화인 만큼 어렵고 당혹스러울 때도 있겠지

만, 이 능력을 갖춤으로써 여러분은 한층 더 성장하게 될 것입니다.

이 책의 최종 목표는 쉽고 편하게 쓰면서도 더 많은 성과를 내는 글쓰기 방법을 몸에 익히는 것입니다. 즉 다음과 같은 변화를 경험하신다면 여러분은 이 책을 읽은 보람이 있다고 말할 수 있습니다.

- 한 시간이 넘게 걸리던 서류 작성이 30분 만에 끝났다.
- 여러 번 대화를 주고받아야 했던 복잡한 일이 한 번에 마무리되었다.
- 포맷을 활용해 작성한 자료로 회의 시간이 줄어들었다.
- 포맷을 채워 넣는 사이 내 머릿속에서도 내용이 정리되었다.

이러한 변화를 목표로 이 책을 활용해 주십시오. 그럼 본격적으로 시작해 보겠습니다.

THE FORMAT
목차

프롤로그

어떻게 소통해야 업무가 순조롭게 진행될까 고민하시나요?_4

비즈니스 글쓰기를 둘러싼 다섯 가지 오해_6

제가 7년에 걸쳐 완성해낸 포맷으로 모두가 쉽고 빠르게 쓸 수 있기를 바랍니다_7

2030년 이후, 제대로 쓸 줄 아는 사람이 필요해지는 이유_11

출근하지 않으면 능률이 떨어지는 사람이 되어서는 안 됩니다_13

어떤 환경에서든 성과를 낼 수 있는 인재가 되기 위해 필요한 것_14

앞으로는 일도 연애도 잘 쓰는 사람이 성공합니다_15

글쓰기가 시장 가치와 커뮤니케이션 능력을 좌우하는 시대_17

이 책의 사용법과 최종 목표_20

서장
쓸 줄 아는 사람에게만 찾아올 미래

말로 하는 편이 빠르다고 생각하시나요? 아닙니다, 글로 써서 남기는 편이 더 빠릅니다_32

글로 써서 남기면 팀 전체의 업무 속도가 빨라집니다_34

목소리가 작은 사람도 이제는 정당하게 평가받을 수 있습니다_36

텍스트로 일하면 업무 시간이 짧아집니다_38

쓰는 양이 많아질수록 회의 시간은 짧아집니다_40

상사에게 텍스트로 상의하는 것의 세 가지 장점_42

전체 공지나 인수인계도 텍스트를 활용하면 간편합니다_43

기록으로 남겼다면 잠시 잊어도 좋습니다_45

글쓰기에 익숙해지면 생각을 정리하는 힘이 자라납니다_47

많이 쓸수록 좋은 인상을 남기는 단순 접촉 효과_49

온라인 커뮤니케이션 횟수를 늘리면 컴플레인이 줄어듭니다_51

좋은 인상을 남기는 글쓰기 요령_52

1장
여러분의 글쓰기를 극적으로 바꿔줄 방법

업무에서 글쓰기는 같은 목적지에 닿게 하는 지도의 역할을 합니다_56

알아보기 쉬운 지도의 필수 요소_56

막막할 땐 복사&붙여넣기만 하면 됩니다_58

확실히 전달되는 만능 포맷_61

팀원들을 원하는 방향으로 이끌기 위한 지시용 포맷_66

업무 지시용 포맷_67

상사의 승인을 받기 위한 필승 포맷_69

승인 요청용 포맷_70

무의미한 대화로 시간을 낭비하고 싶지 않을 때 사용하는 포맷_72

방침 결정을 위한 논의용 포맷_73

포맷은 읽는 사람이 궁금해하는 내용으로 채웁니다_74

2장
글쓰기 고민을 덜어주는 10가지 테크닉

일이 잘 풀리는 글쓰기 비법_78

[테크닉 1] 대화는 채팅으로, 세부 내용은 문서로_79

[테크닉 2] 추측하지 말고 구체적으로 질문하기_83

[테크닉 3] 하나의 글에는 하나의 메시지만 담기_86

[테크닉 4] 사실, 인상, 의견을 구분하기_87

[테크닉 5] 예시를 적절히 활용하기_90
  설득력 높은 예시를 만드는 방법_92
  일상 속에서 좋은 예시를 수집해 봅시다_94

[테크닉 6] 해석이 갈릴 때는 정의를 내려주기_95

[테크닉 7] 주어의 범위 좁히기_98

[테크닉 8] 정확한 수치를 제시하기_101

[테크닉 9] 비교의 기술 활용하기_103
  나쁜 숫자를 좋은 숫자로 바꾸는 비교의 기술_105

[테크닉 10] 일이 진행되는 전체 과정 기록하기_107

머릿속에 있는 내용을 공유하는 포맷_109

3장
문서 작성 능력을 높여주는 5가지 포맷

그대로 가져다 쓸 수 있는 문서 작성 포맷_112

1 [쓰기만 해도 일이 진행되고 결과가 나오는]
영업 회의 자료 작성 포맷_113

숫자를 제시할 때는 비교 대상을 추가합니다
계약 체결 가능성을 예측하고 적중도를 높여 봅시다
회의 자료에는 미래의 논의사항만 적습니다

영업부 주간 회의 포맷_/25

2 [바꿀 수 없는 실적을 좋아 보이게 만드는]
실적보고서 · 연차보고서 작성 포맷_/26
긍정적인 평가를 받을 수 있는 숫자 기재 방법

실적보고서/연차보고서 작성 포맷_/37

3 [아이디어를 샘솟게 하는]
회의용 어젠다 및 회의록 작성 포맷_/40
논의에 필요한 자료에는 목적과 전제 조건을 쓰는 것이 키포인트
아이디어 회의에서는 목표를 늘리지 않는 것이 좋습니다
추가 논의는 아이디어 취합을 마친 이후에 시작합니다

아이디어를 내기 위한 회의, 회의록_/5/

4 [원하는 내용으로 빠른 결재를 받기 위한]
예산 승인 자료 작성 포맷_/52
쓸데없는 질문을 받지 않도록 필요 없는 내용은 빼고
뒷받침 정보를 넣습니다

예산 승인을 위한 회의 자료_/55

5 [전 직원을 한 방향으로 이끄는]
사업계획 작성 포맷_/56
방침을 전달할 때는 현재 상황부터 적는 것이 좋습니다

방침 전달 포맷_/59

4장
이제 와서 묻기도 애매한 업무 고민
이럴 때는 어떻게 해야 하나요? Q&A

원활한 재택근무를 위해 무엇을 어떻게 하면 좋을까요?_164

5장
글로만 일하는 업무 환경이 바꿔놓을 우리의 미래

한 번도 만난 적 없는 사람과 함께 일하는 조직_188

일할 사람이 줄어든 미래에 반드시 일어날 두 가지 변화_190

조직의 다양성이 확대될수록 글쓰기의 가치는 더욱 높아집니다_192

경영자의 입장에서 본 재택근무 시행의 장점_193

다른 무엇보다도 행동과 결과가 중시되는 시대_195

앞으로는 글쓰기 실력으로 자신의 가치를 높일 수 있습니다_197

글쓰기 능력이 시장 가치에 미치는 영향_199

마지막으로 여러분에게 전하고 싶은 말_201

서장

쓸 줄 아는 사람에게만 찾아올 미래

말로 하는 편이 빠르다고 생각하시나요?
아닙니다, 글로 써서 남기는 편이 더 빠릅니다

글쓰기 포맷을 본격적으로 소개하기에 앞서 서장에서 간략하게, 하지만 반드시 짚고 넘어가야 하는 내용이 있습니다. 그것은 바로 글로 써서 남기는 것이 업무에 미치는 압도적인 효과에 관한 것입니다.

만약 여러분이 제가 알려드리는 포맷을 활용해 이해하기 쉬운 문장을 편하고 빠르게 쓰실 수 있게 된다면, 앞으로 텍스트로 처리할 수 있는 일은 반드시 텍스트로만 진행하시라고 말씀드리고 싶습니다. 직접 만나지 않고 잘 쓴 문장으로만 일할 수 있는지 없는지가 10년 후 여러분의 시장 가치를 크게 좌우하게 될 것이기 때문입니다.

여러분은 평소 회사에서 보고서나 회의록을 작성하는 일이 많으신가요? 혹시 문서를 작성할 때마다 귀찮고 번거롭다고 느끼시나요?

저는 그동안 "만나서 말로 하는 편이 그래도 더 빠르지 않나요?"라고 물으시는 분들을 제법 많이 만나왔습니다. 지금 이 책을 읽고 계시는 여러분도 '글을 잘 쓸 수 있으면 좋기는 한데, 그래도 의견을 빠르게 전달하기에는 직접 만나서 대화하는 편이 낫지 않나?'라는 생각을 여전히 하고 계실지도 모르겠습니다.

물론 이런 생각을 하시는 것도 충분히 이해합니다. 솔직히 말씀드리자면 저 역시 일을 할 때 말하기와 듣기, 특히 그 중에서도 말하기에 큰 비중을 두었던 때가 있었으니까요.

리크루트라는 회사에서 채용 마케팅 파트 영업사원으로 사회생활을 처음 시작한 저는 2년 만에 영업 리더 자리에 올랐습니다. 이후 잡센스(지금의 마하바이트)라는 아르바이트 구인구직 사이트의 사업책임자 자리에서 리브센스로 이직하였고, 불과 2년 반 만에 도쿄증권거래소 마더스 시장 상장을 경험하였습니다. 그리고 또다시 DeNA로 자리를 옮겨 EC사업본부에서 영업책임자, 신규사업 총괄, 그리고 채용책임자를 역임하며 열심히 일했습니다.

제가 리크루트에서 처음으로 팀 전체를 관리하는 업무를 맡게 되었을 때의 일입니다. 노력하는 것에 비해 실적이 저조했던 팀원들은 매일같이 제게 상담을 요청했습니다. 그때마다 저는 제가 성과를 냈던 방법들을 알려주며 그대로 따라 해보라고 말해주었습니다. 당시에는 질문을 받았을 때 그 자리에서 바로 대답해주는 편이 시간도 절약하고 상대도 이해하기 쉽지 않을까 생각했습니다. 그래서 팀원들이 외근을 나갔다 돌아오는 늦은 오후부터 저는 매일같이 미팅이 잡혀 있었고, 그로 인한 야근이 계속되었습니다.

그러던 어느 날 문득 깨달았습니다. 제가 여러 명을 상대로 똑같은 이야기를 반복하고 있었다는 사실을 말이죠. 저는 늘 같은 질문을 받고 같은 해결 방안을 제시하는데, 매번 다른 시간에 다른 사람을 상대하고 있었던 것입니다.

그때부터 저는 조언이나 노하우 등을 글로 써서 모아놓고 팀원들에게 그 내용을 확인하라고 한다면 저도 같은 말을 반복하지 않아도 되고 팀원들도 일일이 제 일정을 확인해 약속을 잡지 않아도 되니 서로에게 좋지 않을까 하는 생각을 하기 시작했습니다.

글로 써서 남기면 팀 전체의 업무 속도가 빨라집니다

만약 단둘이서만 대화하는 경우라면 직접 만나는 편이 훨씬 빠를 때도 많습니다. 하지만 회사 업무는 대체로 두 사람의 커뮤니케이션만으로 진행되지 않습니다. 예를 들어 새로 결정된 사항이 있다면 팀 전체, 혹은 적어도 그와 관련된 팀원들에게는 같은 정보를 공유해야 합니다. 그런데 만약 여러분과 제가 둘이서만 논의하고 결정한 내용을 말로 공유하려면 A씨, B씨, C씨를 만나 일일이 설명해야 하는 상황이 발생합니다. 게다가 D씨라는 새로운 팀원이 합류하게 되면 D씨에게도 또다시 일이 진행되어 온 과정을 알려주어야 합니다. 물론 앞서 결정된 내용뿐만 아니라 업무를 하는 데 필요한 일련의 정보를 전부 전달해야겠지요.

이러한 경우에도 말로 하는 편이 빠르다고 볼 수 있을까요? 그 순간 그 자리에서는 빠르다고 느끼실지도 모릅니다. 하지만 여러 사람에게 같은 이야기를 몇 번씩 반복해서 전달해야 하는 경우, 일대일로 직접 만나 대화하는 것이 과연 빠르다고 말할 수 있을까요? 혹시 이렇게라도 하지 않으면 일이 진전되지 않기 때문에 어쩔 수 없이 하고 계신 것은 아닌가요?

한번 생각해 보시기를 바랍니다. 글로 써서 정리한 것은 그대로 남습니다. 새로 결정된 내용과 논의 과정을 문서로 정리하여 공유 폴더에 저장한 다음 A씨, B씨, C씨에게 그 자료를 확인해달라고 하면 인수인계를 위해 서로 일정을 맞추고 이야기를 나누는 시간을 절약할 수 있습니다. 깜빡하고 중요한 내용을 빠트릴 우려도 없고, 누구 한 사람에게만 틀린 정보를 전달하여 문제가 생기는 일도 방지할 수 있습니다.

더 나아가 관련된 질의응답이나 후속 논의도 대면이 아닌 채팅을 활용하면 그 내용까지도 남겨둘 수 있습니다. 이렇게 하면 새로 들어온 D씨도 정리된 문서와 채팅 내용을 확인할 수 있어서 인수인계가 빠르게 마무리됩니다. 물론 충분히 이해되지 않는 부분에 대한 논의 또한 채팅을 활용해 기록으로 남겨두면 이후 E씨가 추가로 합류할 때 도움이 되겠지요.

이처럼 텍스트로 업무를 진행하다 보면 팀 전체의 업무 속도가 빨라집니다. 이것은 코로나19 사태가 시작되기 한참 전부터 재택근무로 일해 온 7년간의 제 경험을 바탕으로 드리는 말씀이니 믿으셔도 됩니다.

목소리가 작은 사람도 이제는 정당하게 평가받을 수 있습니다

텍스트로 하는 업무에는 또 하나의 장점이 있습니다. 기존의 말하기 중심의 커뮤니케이션 환경에서는 아무리 좋은 아이디어나 의견이 있어도 그것을 말로 잘 설명하지 못하면 제대로 평가받기 어려웠습니다.

여러분이 그동안 일해 온 직장에서도 목소리가 큰 사람, 말을 잘하는 사람, 자신감 넘치는 태도로 발표하는 사람, 그럴듯한 논리로 설득을 잘하는 사람, 상사의 의견을 대변하는 사람이 인정받는 분위기이지 않았나요?

하지만 쓰기 위주의 텍스트 커뮤니케이션 환경에서는 개인의 생각이나 의견이 가시화됩니다. 따라서 목소리의 크기나 분위기를 파악하는 눈치 같은 것이 아니라 글로 정리된 내용이 업무 능력에 대한 평가를 좌우하게 되는 것입니다.

- 다수가 공감할 만한 아이디어나 의견을 낼 수 있는 사람
- 글을 읽고 내용을 정확하게 이해할 수 있는 사람
- 상황이나 의견을 글로 명확하게 전달할 수 있는 사람
- 당연한 것을 당연하게 해낼 수 있는 사람

그동안의 대면 업무 환경에서는 실적이 다소 부족해도 말을 잘하거나 처세술에 능한 사람이 좋은 평가를 받기도 했지만, 앞으로는 위와 같은 평가 기준 때문에 그런 모순적인 상황은 보기 힘들어질 것입니다. 텍스트를 기반으로 공평하게 커뮤니케이션을 주고받는 환경에서 일하게 되면 눈치껏 분위기를 읽는 능력은 더는 필요 없어질 테니까요.

회사 내에서 업무 경력이나 사내 인간관계, 암묵적인 규칙

같은 것들이 아니라 정확한 텍스트 커뮤니케이션을 바탕으로 쌓아가는 새로운 관계성이 더욱 중요하게 여겨지는 셈입니다. '눈치껏 알아듣지 못하는 부하직원'이 아니라 '글로 정확하게 지시를 내리지 못한 상사'에게 모든 책임이 있다고 보는 것이 당연해지는 시대가 드디어 오고 있습니다. 저는 텍스트 커뮤니케이션이야말로 관여하는 모든 사람에게 다정하고 공평한 방식이라고 믿어 의심치 않습니다.

텍스트로 일하면 업무 시간이 짧아집니다

텍스트를 활용해 비대면으로 일하면 동시에 처리할 수 있는 일이 늘어납니다. 전형적인 예가 바로 소규모 미팅입니다.

리크루트에서 근무할 당시, 팀의 리더로서 영업사원들을 관리하는 일을 했던 저는 낮에 항상 한가하다고 느꼈습니다. 그도 그럴 것이 저에게 맡겨진 일은 팀원들의 보고를 받고 진행 상황을 논의하며 팀을 전체적으로 관리하는 것이었기 때문입니다. 다섯 명의 직원들이 외근을 나가면 저는 사무실에서 대기합니다. 물론 서류 작업이 있었지만, 그렇게까지 바쁘지는 않았습니다. 그 대신 직원들이 사무실로 돌아오는 오후 시간대부터 제 앞에 보고와 상담을 위한 대기 줄이 생겼습니다. 한 명씩 이야기를 나눠서는 끝날 기미가 안 보이니 전체 회의를 하는 것이 낫겠다는 의견이 나오면 그때부터 몇 시간 동안 미팅이 이어집니다. 미팅을 마치고 다음 날 업무 준비를 하다 보면 자연스럽게 야근하게 되는 패턴의 반복이었습니다.

하지만 지금의 저는 다릅니다. 여러 부서를 동시에 관리하고 있지만, 상의나 보고를 위한 대기 줄이 생기는 일도, 갑자기 회의가 잡히는 일도 없습니다. 그 이유는 바로 텍스트로 처리하는 업무의 비중을 늘렸기 때문입니다. 텍스트 커뮤니케이션은 서로 내용을 확인하는 데 시차가 발생하지만, 내용만큼은 정확하게 전달됩니다. 따라서 멀리 떨어져 있어도 현장에서 무슨 일이 일어나고 있는지, 담당자가 무슨 생각과 고민을 하고 있는지, 어떤 문제가 생겼는지 등을 쉽게 파악할 수 있습니다.

업무 진행에 관해 상의하고 싶다거나 기획안에 대한 의견을 달라는 요청이 들어오면 저는 메신저를 활용해 여러 명의 팀원과 동시에 대화를 주고받습니다. 이 방법은 특별한 능력이나 기술을 필요로 하지 않습니다. 여러분도 스마트폰 채팅 애플리케이션으로 네다섯 명과 동시에 대화할 때가 종종 있으시겠지요. 네 명의 친구들과 동시에 전화 통화를 하는 것은 집중하기 어렵지만, 메신저로 네 명의 친구들과 각각 다른 주제로 대화하는 것은 전혀 어렵지 않습니다. 텍스트는 기록으로 남을 뿐만 아니라 비동기화 상태로 메시지를 주고받을 수 있기 때문에 서너 개의 안건을 동시에 거뜬히 처리할 수 있는 것입니다.

따지고 보면 이것은 서너 개의 미팅에 동시에 참여하는 것이나 다름없습니다. 그리고 동시에 여러 업무를 처리할 수 있는 것은 저뿐만이 아니라 팀원들도 마찬가지입니다. 대면 업무 환경에서는 저와 짧은 미팅을 하기 위해 사무실 책상에 하릴없이 앉아 한참 동안 자신의 차례를 기다려야 했다면, 비대면 업무 환경에서는 서로가 동시에 여러 가지 업무를 처리하는 것이 가능합니다.

쓰는 양이 많아질수록 회의 시간은 짧아집니다

또한 회의 내용이 문서로 쌓이면 회의 자체가 줄어드는 효과가 있습니다. 리크루트나 DeNA에서 근무할 당시를 돌이켜보면 팀원들의 질문에 대한 저의 답변은 항상 거의 비슷했습니다.

제가 확인하는 것은 주로 '고객이 뭐라고 말했는가?', '고객의 니즈는 무엇인가?', '고객은 어떤 지점을 고민하고 있는가?' 등의 내용이었습니다. 그 다음은 들은 내용을 참고해 "이런 방법이 있지 않을까?"하고 제안할 뿐이었지요.

솔직히 말씀드리자면 팀원이나 거래처가 바뀌어도 제가 확인하는 내용이나 해줄 수 있는 조언은 거의 바뀌지 않았습니다. 그럼에도 저는 똑같은 이야기를 다른 시간에 다른 사람을 상대로 50번, 100번을 반복하고 있었던 것입니다.

하지만 주고받은 대화 내용을 글로 남겨두면 기록이 쌓여갑니다. 캐스터에서는 회의에서 논의한 내용을 노션(Notion)이라는 업무 관리 툴을 활용해 전부 남겨두도록 하고 있습니다. 그 결과, 특정 질문을 받았을 때 "그런 문제라면 이 내용을 한번 읽어 보세요."라고 알려주는 것만으로 해결되는 일이 많아졌습니다. 또한 기록으로 남기는 과정에서 생각이 정리되기도 합니다. 그러다 보면 고민이나 문제의 유형에 따라 자연스럽게 자신만의 대응 매뉴얼이 만들어지기 시작합니다. 그럼 상담해 주는 자리에서도 억지로 그럴듯한 대답을 짜낼 필요 없이 매뉴얼에 따라 훨씬 알찬 내용으로 답변해 줄 수 있겠지요.

상사에게 텍스트로 상의하는 것의 세 가지 장점

먼저 텍스트 커뮤니케이션 환경에서는 언제 상대에게 말을 걸어야 좋을지 눈치 볼 필요가 없습니다. 상사가 지금 너무 바쁘지는 않은지, 기분이 좋은지 나쁜지, 대화를 나눌 수 있는 분위기인지 이것저것 고민하고 따져보는 사이 상사가 자리를 비워 결재를 받지 못한 적 혹시 없으신가요? 메신저를 활용하면 상사는 내용을 검토하고 판단을 내릴 만한 여유가 있을 때 메시지를 확인하면 됩니다. 만약 그 자리에서 바로 처리할 수 없는 경우에는 "◎◎을 먼저 확인한 다음 결정할 테니 조금만 기다리세요. 제가 ◎일 ◎시까지 답이 없으면 리마인더 부탁합니다."라고 답변을 남겨두면 모두가 스트레스 받지 않고 순조롭게 일이 진행됩니다. "팀장님, 혹시 검토해보셨을까요…?"라며 조심스럽게 확인할 필요가 없어 좋겠지요.

또한 의사결정을 하는 위치에 있는 사람의 노동력도 눈에 띄게 줄어듭니다.

- 잠시 자리를 비운 사이 팀원들이 어떻게 일을 진행했는지
- 팀원들이 어떤 부분에서 고민하고 의견을 듣고 싶어 하는지
- 회의의 전반적인 흐름이 어땠는지

이러한 내용이 구체적으로 남아 있으면 일이 너무 바빠서 모든 내용을 기억하지 못하더라도 기록을 거슬러 올라가 의사결정에 필요한 정보를 확인할 수 있습니다. 기존의 대면 업무 환경에 비해 의사결정의 속도와 질이 모두 향상됩니다. 제 경험으로 말씀드리자면 채팅으로 모든 대면 미팅을 대신하기 시작하면서부터 관리할 수 있는 인원과 안건의 수가 크게 늘어났습니다. 지금은 예전만큼은 아니지만, 캐스터에서 한창 많은 일을 담당했을 때는 총 4개 사업부의 500여 명의 직원을 관리한 적도 있었습니다. 이것은 물론 텍스트 커뮤니케이션을 활용했기에 가능했던 일이라고 생각합니다.

마지막으로 업무에 집중하고 있을 때 누군가 갑자기 말을 걸어와서 흐름이 끊기는 일도 방지할 수 있습니다. 일단 눈앞에 닥친 일을 처리하는 데 집중하고, 잠시 짬이 날 때 메신저나 이메일을 확인하면 되기 때문에 업무 효율이 높아지는 것은 당연합니다.

전체 공지나 인수인계도 텍스트를 활용하면 간편합니다

축적된 텍스트는 다른 사람과 쉽게 공유할 수 있습니다.

앞서 말씀드린 것처럼 캐스터에서는 노선을 활용해 상당히 많은 양의 텍스트를 축적하여 전 직원이 공유하고 있습니다.

예를 들어 어떤 팀에서는 '팀 커뮤니케이션의 원리원칙'이라는 페이지를 만들어 팀 내에서의 소통 방법, 팀 전체가 공유하는 사고방식, 선배들이 입사하고 첫 3개월을 어떻게 보냈는지에 대한 기록 등을 정리하고 있습니다. 새로 입사하는 직원은 이 내용을 쭉 읽어 보기만 해도 팀에서 커뮤니케이션하는 방법을 얼추 파악할 수 있겠지요. 굳이 참석하지 않아도 될 회의에 들어가거나, 다른 동료들에게 주뼛대며 말을 걸어 "이렇게 해도 되나요…?" 하고 조심스럽게 확인할 필요가 없어집니다. 물론 기존에 근무하던 직원도 "우선 이 내용을 먼저 읽어 보세요."라고 알려주면 되기 때문에 신입 직원이 들어와도 업무 부담이 가중될 일이 없습니다.

저는 심지어 시시콜콜한 잡담부터 시작해 개별 상담, 보고 내용, 회의 자료 등 모든 것을 기록으로 남겨두는 편입니다.

쓸데없는 내용을 잔뜩 쌓아두고 있는 것처럼 보일지도 모르지만, 그중에 어떤 자료가 필요할지는 아무도 모릅니다. 이 내용은 남기고 저 내용은 버려야겠다고 취사선택하는 시간도 아깝습니다. 또 사람마다 필요로 하는 내용이 모두 다릅니다. 다른 직원들에게 이 내용이 중요한지 아닌지 확인하는 것도 번거롭습니다.

그러니 일단 전부 남겨두기로 한 것입니다. 언젠가 필요한 때가 오면 검색해서 사용하면 되니까요. 텍스트 기록은 데이터양이 크지 않기 때문에 사용하지 않으면 그만입니다.

기록으로 남겼다면 잠시 잊어도 좋습니다

메신저든 이메일이든 여러분이 글로 쓴 내용은 기록으로 남아 언제든지 다시 확인할 수 있습니다.

- 쓰면 남는다.
- 언제든 다시 확인할 수 있다.
- 다른 사람과 공유할 수 있다.

이 세 가지는 우리가 당연하게 여기는 것들이지만, 사실 생각해 보면 엄청난 일입니다. 직접 만나 대화를 주고받을 때는 "내가 그런 말을 했었나?"라는 식의 건망증으로 인한 문제가 발생하거나, 혹은 말한 사람의 의도와 들은 사람의 이해가 달라 "맞다, 아니다"를 확인하는 데에 시간을 낭비하는 일이 생기기도 합니다.

아무리 일을 잘하고 능력 있는 상사라도 팀원들이 말한 내용을 전부 기억하고 있을 수는 없습니다. 반대로 아무리 눈치가 빠르고 세심한 직원이라도 지시받은 내용을 전부 정확하게 기억할 수는 없습니다. 저도 마찬가지이지만, 30대를 지나 40대로 접어들수록 기억력에만 의존한 일 처리는 불안정해질 수밖에 없습니다. 일이 많고 시간이 부족할수록 말하고자 하는 내용이 충분히 전달되지 않는다거나, 분명히 말한 것 같은데 누락되었다거나, 들은 내용을 금세 잊어버리는 등 커뮤니케이션에서 부주의한 실수가 늘어납니다.

하지만 텍스트 커뮤니케이션 환경에서는 이 모든 내용이 기록으로 남습니다. 기억이 모호해도 채팅 이력을 거슬러 올라가면 '아, 내가 이렇게 말했었구나!'하고 확인할 수 있고, 또 상사의 지시 내용을 잊어버렸다 해도 받은 메시지를 다시 읽어 보면 됩니다. 한마디로 더는 기억력에 의존하지 않아도 된다는 뜻입니다.

이것을 의식적으로 업무에 활용하면 능률을 크게 높일 수 있습니다. 일단 잊어버려도 아무런 문제가 없기 때문입니다. 예를 들어 생각해둔 아이디어나 회의 때 주고받은 의견을 잠깐 잊어버려도 나중에 필요할 때 기록을 확인하면 되므로 눈앞에 닥친 일에만 오롯이 집중할 수 있게 됩니다. 누가 말을 걸 때도 지난번에 무슨 이야기를 나눴는지 떠올리기 위해 애쓸 필요가 없습니다. 잊어버린 내용을 다시 설명해 달라고 부탁할 필요도 물론 없고요. 즉 앞으로는 우리의 뇌를 100퍼센트 눈앞의 일을 처리하는 데에만 사용하면 됩니다.

글쓰기에 익숙해지면 생각을 정리하는 힘이 자라납니다

글쓰기 자체의 메리트가 또 하나 있습니다. 그것은 바로 생각이 정리된다는 것입니다.

간혹 회의나 인터뷰 자리에서 예상치 못한 질문을 받을 때가 있습니다. 그 자리에서는 애드리브로 그럴듯하게 답변하고는 있지만, 나중에 글로 작성된 내용을 보면 제가 봐도 생각이 충분히 정리되어 있지 않았다고 느끼는 경우가 많습니다. 현장에서는 목소리나 표정, 제스처, 그리고 상대방의 맞장구 등의 영향으로 답변을 잘한 것처럼 느꼈지만, 실제로는 생각이 정리되어 있지 않았기 때문에 내용이 영 부실했던 것이지요.

이러한 경험을 바탕으로 저는 평소 글로 적어가며 미리 생각을 정리하도록 유의하고 있습니다. 예를 들어 제가 코멘테이터로 출연하고 있는 후지TV의 보도 방송《Live News α》의 담당 PD는 출연 당일 저녁 무렵에 늘 저에게 전화를 합니다. 어떤 뉴스에 관해 코멘트할 것인지 상의하는데, 저는 항상 다음과 같은 사전 준비를 마치고 연락을 기다립니다.

- 그날의 사건과 이슈를 쭉 훑어본다.
- 다뤄볼 만한 주제에 관해 메모한다.

뉴스를 볼 때는 언급할 만한 내용이 있을 것 같았는데 막상 메모를 시작하면 한 글자도 쓸 수 없을 때가 있습니다. 생각이 충분히 정리되지 않았거나, 내실 있는 이야기를 할 수 있을 만큼 사건에 대해 자세히 알지 못하거나, 이야기를 어떻게 풀어나갈지 고민하고 있다거나 하는 등, 이유는 다양합니다. 글로 써보는 과정에서 자신을 객관적으로 볼 수 있게 되며 현재 처한 상황이 고스란히 드러나는 셈이지요.

무엇을 목표로 해야 좋을지 모르겠을 때나 생각의 기준으로 삼을 만한 포인트가 보이지 않을 때일수록 글쓰기는 확실한 효과를 발휘합니다. 떠오르는 생각을 적어나가다 보면 지금 자신이 무엇을 고민하는지, 어떻게 하면 복잡한 머릿속이 정리될지, 어떤 식으로 설명해야 상대가 이해하기 쉬울지에 관한 힌트를 발견하게 될 것입니다.

많이 쓸수록 좋은 인상을 남기는 단순 접촉 효과

글쓰기의 또 다른 메리트를 알려드리겠습니다. 그것은 바로 글을 쓰면 쓸수록 주변의 신뢰를 얻을 수 있다는 점입니다.

이 개념은 미국의 심리학자 로버트 자욘스 Robert Zajonc가 제안한 심리학 법칙으로 '단순 접촉 효과' 또는 '자욘스 법칙'이라고 불립니다. 실제로 만나본 적은 없지만, SNS상에서 자주 대화를 나누는 상대에게 좋은 인상을 받았던 적 혹시 없으신가요?

기존의 대면 업무 환경에서는 회식 자리를 자주 마련해 친해지거나 고객사나 거래처를 자주 방문해 신뢰를 얻는 등 물리적인 방식으로 단순 접촉 횟수를 늘려야만 했습니다. 하지만 지금은 상황이 다릅니다. 메신저나 이메일로 소통하는 것만으로도 단순 접촉 효과를 노릴 수 있기 때문입니다. 한 번의 회식 자리에서 열 마디 말을 주고받는 것보다 채팅으로 백 번 대화하는 편이 더 효율적이지 않을까요?

한번 생각해 보십시오. 일 년에 한 번 있는 모임에서 가끔 얼굴을 보지만 평소에는 연락 한번 없는 친구와 매일 카카오톡으로 대화하는 친구 중 누구와의 심리적 거리가 더 가깝다고 느끼시나요? SNS도 마찬가지입니다. 몇 년 동안 만나지 못했지만 매일 그 사람이 올린 게시물을 보다 보면 '오랜만인 것 같은 느낌이 없네?'라는 생각을 하게 됩니다. 즉 직접 만나지 않더라도 그 사람의 이야기를 접하는 횟수가 많은지 적은지가 심리적 거리감을 좁히는 데 있어 큰 역할을 한다는 뜻입니다.

제 경험상 업무를 할 때도 메신저나 이메일을 적극적으로 활용해 커뮤니케이션의 양을 늘리는 것이 무엇보다 중요합니다. 한 달에 한 번 정기적으로 미팅을 하는 것보다 매주 혹은 매일 채팅으로 대화하는 편이 상대의 신뢰를 얻는 더욱 확실한 방법입니다.

온라인 커뮤니케이션 횟수를 늘리면 컴플레인이 줄어듭니다

한때 캐스터에서 특정 서비스에 대한 컴플레인이 늘어나며 계약 해지율이 크게 상승했던 적이 있었습니다. 비대면으로 제공되는 서비스는 모두 문제없이 운영되고 있었고, 담당 직원이 클라이언트에게 실례되는 행동을 한 것도 아니었습니다. 무엇이 문제인지 자세한 의견을 들어본 결과, 클라이언트 대다수가 '담당자의 관리가 소홀하다'라는 부정적인 인상을 받고 있다는 사실을 알게 되었습니다.

그러나 정작 담당자는 매주 비대면 회의를 진행하며 충실하게 커뮤니케이션을 이어왔기 때문에 클라이언트가 불만을 느낀다고는 생각지도 못했다고 했습니다. 정해진 서비스를 빠짐없이 정확하게 제공하는 것만으로 고객을 만족시킬 수 있다고 믿었던 것이지요.

저는 이 문제에 대한 개선책으로 의미 없는 잡담이라도 좋으니 클라이언트와 자주 채팅을 주고받을 것을 제안했습니다. 매주 진행되는 비대면 회의는 그대로 유지하되 아침 드라마에 관한 이야기나 점심 메뉴 추천, 퇴근 전 인사 등 채팅 빈도를 늘려나가도록 했습니다. 그 결과, 서비스 내용은 아무것도 바뀌지 않았는데 클라이언트의 만족도가 크게 상승하며 계약 해지율이 빠르게 감소하였습니다.

어떻게 된 것인지는 명확합니다. 인간은 단순 접촉을 반복하는 사이 상대에게 좋은 인상을 받고 신뢰감을 느끼게 됩니다. 이것은 텍스트 커뮤니케이션에서도 마찬가지입니다. 오히려 대화 기록이 남아서 상대에 대해 더 잘 알게 되는 만큼 친근감도 더욱 깊어집니다.

또한 함께 일하는 상대는 최종 결정 사항뿐만 아니라 일이 진행되는 과정까지 자세히 전달받으며 큰 만족감을 느끼게 됩니다. 온종일 시간을 함께 보낼 수 없는 사람과 잦은 빈도로 꾸준히 대화를 이어가는 방법은 메신저나 이메일을 활용한 텍스트 커뮤니케이션밖에 없습니다. 텍스트 커뮤니케이션을 적극적으로 활용하면 일이 잘 풀리는 효과를 반드시 누리실 수 있을 겁니다.

좋은 인상을 남기는 글쓰기 요령

직접 만나지 않고 상대에게 좋은 인상을 남기기 위해 꼭 기억해야 하는 한 가지 포인트가 있습니다.

텍스트 커뮤니케이션을 하는 과정에서 이 한 가지만 잘 지킨다면 '상대방의 감정을 잘 모르겠다', '내용이 너무 길어서 그런지 상대가 제대로 읽지 않는다', '글로 정리하는 게 번거롭다' 같은 고민을 더는 할 필요가 없게 됩니다.

그 포인트는 바로 대화를 주고받는 것입니다. 상사에게 무언가 상의하고 싶을 때를 예로 들어보겠습니다. 상사의 입장에서 생각해 보면 상의할 내용을 한꺼번에 정리해서 보내는 편이 좋을 것 같지만, 여러분이 거기까지 신경 쓸 필요는 없습니다. 오히려 여러 번 채팅을 주고받는 과정에서 친밀감을 쌓을 수 있기 때문에 상대를 과하게 배려할 필요 없이 대화하듯 메시지를 여러 차례 주고받아도 괜찮습니다.

올바른 예

A직원: "상의드리고 싶은 이슈가 세 가지 있는데 혹시 지금 시간 괜찮으십니까?"
B과장: "30분 정도 후에 시간이 날 것 같네요."
A직원: "알겠습니다. 자료 먼저 보내드리겠습니다."
(30분 후)
A직원: "첫 번째 이슈는 채용 관련 추가 예산에 관한 내용입니다. A와 B를 시도하여 C라는 결괏값을 얻었습니다만, D라는 변수가 생겼습니다. D를 해결하기 위해 E와 F를 다시 시도해보고자 하는데, 이때 필요한 천만 원의 추가 예산 배정이 가능할지 의견 여쭙고 싶습니다."
B과장: "E와 F 둘 중 하나가 아니라 둘 다 시도해보려는 이유가 있나요?"

이처럼 만나서 이야기하듯 자연스럽게 채팅을 이어나가면

됩니다. 내용을 검토하며 어떤 추가 질문을 할지는 상사 나름입니다. 따라서 방대한 내용을 한 통의 이메일로 정리하는 것보다 채팅으로 대화하듯 진행하는 편이 훨씬 매끄럽습니다.

텍스트 커뮤니케이션에서는 정리 능력이나 분석 능력도 물론 중요하지만, 결국 최종적인 목표는 상대가 정확히 이해할 수 있게끔 전달하는 것입니다. 더 나아가 메시지나 이메일을 주고받는 과정에서 내용뿐만 아니라 서로의 입장까지도 충분히 이해하고 좋은 인상을 남겨 신뢰를 쌓아가는 것도 중요합니다. 한 번에 끝내야 한다고 생각하다 보면 이 내용 저 내용으로 가득 차버린 일방적인 글이 되어버릴 가능성이 크겠지요. 그 글을 받아보는 사람은 당신과 커뮤니케이션을 하는 것이 아니라 처리해야 할 업무를 넘겨받은 듯한 압박감을 느낄 우려가 있습니다.

그러니 연락이 아닌 대화를 한다고 생각하고 여러 번 반복해서 메시지를 주고받는 것을 전제로 메신저나 이메일을 적극적으로 활용하셨으면 좋겠습니다. 물론 많은 시간을 투자하고 싶지 않거나 빠른 이해가 필요한 경우를 위한 테크닉도 앞으로 소개해드릴 테니 업무에 적극적으로 활용해 보시기를 바랍니다.

1장

여러분의 글쓰기를 극적으로 바꿔줄 방법 |

업무에서 글쓰기는 같은 목적지에 닿게 하는 『지도』의 역할을 합니다

"처음 온 관광지라 주요 명소까지 가는 길을 못 찾겠어요."
"처음 가보는 가게라 어떻게 가야 하는지 모르겠어요."

일상에서 흔히 접하게 되는 상황들이지요.

이때 우리는 관광안내소에 들러 지도를 달라고 하거나 스마트폰 지도 애플리케이션을 켜고 목적지로 향합니다. 지도를 보면 현재 위치에서 목적지까지의 경로가 한눈에 들어올 뿐 아니라 가는 길에 기준으로 삼을 만한 지표들을 확인할 수 있기 때문입니다. 지도만 있으면 누구나 같은 목적지에 도착할 수 있습니다.

사실 좋은 문장을 쓰는 방법도 크게 다르지 않습니다. 업무용 글쓰기의 목적 역시 함께 일하는 모두가 어려움 없이 같은 이해 수준에 도달하는 것이니까요.

알아보기 쉬운 지도의 필수 요소

디자인은 뛰어나지만 좀처럼 알아보기 힘든 지도를 한번 떠올려 보시기 바랍니다. 간결함만을 추구한 탓에 꼭 필요한 축척이나 표식을 모두 생략하고, 주요 역이나 랜드마크 정도만 그려 넣은 지도 말입니다. 이런 지도는 언뜻 세련되고 멋져 보일지 모르지만 이내 '이걸로는 길을 찾을 수가 없잖아!'라고 깨닫게 되겠지요.

즉 지도에 포함되어 있지 않으면 목적지에 도착할 수 없는, 따라서 반드시 들어가야만 하는 몇 가지 요소들이 있습니다.

지도의 필수 요소들을 나열해 보면 다음과 같습니다.

- 현 위치
- 목적지
- 소요 시간
- 안내 표식
- 주의할 점

이러한 항목들이 적절히 들어가 있다면 처음 가보는 곳이라도 누구나 같은 목적지에 도달할 수 있겠지요. 이것을 업무에 적용해 보겠습니다.

- 현 위치 → 현황 보고
- 목적지 → 목표
- 소요 시간 → 마감 기한
- 안내 표식 → 논점, 유의점

- 주의할 점 → 기대 효과, 우려 사항

다시 말해 이러한 내용이 글에 충분히 담겨 있다면 이해하기 쉬운 문장을 쓸 줄 안다는 뜻입니다.

막막할 땐 복사&붙여넣기만 하면 됩니다

만약 회사에서 집까지 가는 지도를 그려달라는 요청을 받는다면 여러분은 지금 당장 정확한 지도를 그려낼 수 있으신가요? 대부분의 경우 처음 그리기 시작한 지점에서부터 목적지까지의 경로가 예상치 못한 방향으로 이어져 종이의 여백이 부족해진다든지, 도중에 방향을 잃고 헤맨다든지, 아니면 축척 계산을 틀리는 등의 상황을 맞닥뜨리게 됩니다.

그런데 혹시 글을 쓸 때도 비슷한 상황이 벌어지고 있지는 않나요? 평소 이메일을 보낼 때 무작정 '안녕하세요. 상의드릴 내용이 있습니다'부터 쓰고 본다거나 워드 문서를 열고 '월간 회의 자료'라고 일단 제목부터 채운 다음 무슨 내용을 쓸지 고민하기 시작한다면 여러분은 지금껏 무턱대고 지도를 그리려 하고 계셨던 겁니다.

하지만 만약 눈앞에 따라 그릴 수 있는 지도가 있다면 어떨까요? "알아보기 쉽도록 이쯤에 안내 표식을 추가하고 빨간 선을 그어준 다음 회사에서 집까지의 경로를 그려보세요."라고 하면 아마 비교적 손쉽게 정확한 지도를 완성할 수 있겠지요.

문장도 마찬가지입니다. 이해하기 쉬운 문장을 쓸 수 있도록 도와주는 보조 도구가 눈앞에 주어지면 글을 쓰는 것이 한결 수월해지며 훨씬 좋은 문장이 완성됩니다. 이 보조 도구가 바로 '포맷'입니다.

저는 상황에 따라 필요한 포맷을 미리 만들어 놓고, 파일을 열면 자동으로 특정 포맷이 뜨도록 설정해 두었습니다. 그때그때 필요한 내용을 정해진 포맷에 채워 넣기만 하면 누구나 이해하기 쉬운 문장이 저절로 완성되는 방식입니다.

제가 가장 자주 사용하는 포맷부터 소개하겠습니다. 그간 재택근무만을 고집하며 완성해낸 업무용 글쓰기의 결정판이자 만능 포맷입니다. 이 포맷을 '복사&붙여넣기'한 다음 글을 쓰기 시작한다면 업무에 필요한 문장의 70퍼센트 정도는 한결 간결하고 이해하기 쉽게 쓸 수 있습니다.

이 포맷을 윈도우 사용자 사전에 등록하여 '보고'라고 치면 바로 사용할 수 있도록 설정해 두는 것을 추천합니다. 포맷에 따라 써나가면 되므로 훨씬 편리합니다.*

*역주 저자가 말하는 '사용자 사전'은 윈도우 언어 설정에서 일본어를 추가해야 나오는 '단어 등록(Add Word)' 기능입니다. 우리나라의 경우에는 포맷을 PDF파일로 만들어서 '찾기' 기능을 활용하면 비슷한 방식으로 편리하게 활용할 수 있습니다.

확실히 전달되는 만능 포맷

1 이 문장을 쓰는 목적은 무엇인가?

2 이 문장을 읽는 사람은 누구인가?

3 오늘 논의하고 싶은 내용

4 현재 상황은 이렇습니다

5 문제는 이것입니다

6 이렇게 대응하려 합니다

7 의견이 필요한 부분

8 언제까지 답변해야 하는지

확실히 전달되는 만능 포맷 [활용 예시]

1 이 문장을 쓰는 목적은 무엇인가?
고객 컴플레인에 대한 대응 방안을 논의하고 해결하기

2 이 문장을 읽는 사람은 누구인가?
김△△ 부장님

3 오늘 논의하고 싶은 내용
고객 A의 컴플레인에 대한 대응 방안

4 현재 상황은 이렇습니다
●월 ●일, 고객 A로부터 영업부로 전화가 걸려옴. 구입한 상품이 작동하지 않는다는 내용. 상품을 회사로 보내 달라 하고, 초기 불량이 확인될 경우 환불해 드리는 것으로 통화를 마무리함.

●일에 도착한 상품을 확인했더니 문제없이 작동함. 확인차 모든 부품을 체크했지만 이상 없음.

●일에 고객 A에게 전화를 걸어 상품이 문제없이 작동한다고 안내하였으나 고객 A는 상품이 더는 필요 없으니 환불해 줄 것을 요청.

5 문제는 이것입니다
●일자 통화 내용 중 '초기 불량이 확인되면 환불해 드리겠다'라고 한 것을 '환불해 준다고 하지 않았느냐'라고 주장하고 있음. 통화 녹음은 하지 않음.

6 이렇게 대응하려 합니다
이번에만 예외적으로 해드리는 것임을 강조하며 환불 처리를 진행하고자 함.

7 의견이 필요한 부분
이대로 진행해도 괜찮을지.

8 언제까지 답변해야 하는지
고객 A가 이번 주 중으로 연락을 달라고 요청하여 24일(목)까지 부장님 의견이 필요.

실제로 포맷을 사용할 때는 옆 페이지의 예시처럼 내용을 채우기만 하면 됩니다. 어떠신가요? 어떻게 써야 할지 막막했던 내용이 훨씬 쉽게 정리되지 않나요?

마지막으로 이메일을 보낼 때는 다음 페이지의 송부 예시와 같이 줄글로 다듬어주기만 하면 됩니다.

확실히 전달되는 만능 포맷 [송부 예시]

부장님, 안녕하십니까.

A고객님의 컴플레인 대응 방안에 관해 상의드립니다.

현재 상황
○월 ○일, A고객님으로부터 영업부로 전화가 걸려왔습니다. 구입하신 상품이 작동하지 않는다는 내용이었습니다. 상품을 다시 돌려보내 주십사 요청하며 초기 불량이 확인될 경우 환불해 드리는 것으로 통화를 마무리하였습니다.

○일에 도착한 상품을 확인해 보니 문제없이 작동하였고, 확인차 모든 부품을 체크했지만 이상 없었습니다.

○일에 A고객님께 전화를 걸어 상품이 문제없이 작동한다고 안내하였으나, 고객님께서는 상품이 더는 필요 없으니 환불해 줄 것을 요청하였습니다.

우려되는 점
○일자 통화 내용 중 '초기 불량이 확인되면 환불해 드리겠다'라고 한 것을 '환불해 준다고 하지 않았느냐'라고 주장하고 계십니다.
통화 녹음은 하지 않았습니다.

대응 방안
이번에만 예외적으로 해드리는 것임을 강조하며 환불 처리를 진행하려고 합니다.

이대로 진행해도 괜찮을지요?

A고객님께서 이번 주 중으로 연락을 달라고 하셔서 24일(목)까지 의견 주시면 감사하겠습니다.

잘 부탁드립니다.

이런 식으로 이메일을 주고받아 상황을 해결한 다음에는 해당 내용을 컴플레인 대응 매뉴얼로 따로 정리하거나 전 직원이 검색할 수 있는 곳에 저장해 둡니다. 이렇게 하면 비슷한 컴플레인을 받았을 때 재논의할 필요 없이 곧바로 매뉴얼에 따라 대응할 수 있습니다. 다양한 케이스를 경험하며 귀중한 문서 자산이 쌓여갈 것입니다.

구두로 논의하고 싶을 때도 이 포맷에 따라 내용을 미리 정리하면 회의의 목적에서 벗어나거나 추가적인 설명을 요구받는 일 없이 판단해 주었으면 하는 부분에 대한 의견을 빠르게 구할 수 있습니다.

팀원들을 원하는 방향으로 이끌기 위한 지시용 포맷

반대로 지시를 내릴 때도 마찬가지입니다. 전달하고자 하는 메시지를 지도화하면 팀원들이 눈치껏 파악해야 하는 일이 줄어들어 오해의 소지 없이 순조롭게 대화가 이어집니다. 예를 들어 팀원 중 한 명에게 "다음 주 월요일 발표에서 쓸 자료를 준비해 주세요."라고 수요일에 이메일로 지시한다고 가정해 보겠습니다. 과연 어떤 자료가 완성될까요? 머릿속으로 상상했던 그대로의 자료를 받아보게 될까요? 아니면 도무지 발표에 쓸 수 없는 엉뚱한 자료가 만들어질까요?

적어도 상상했던 그대로의 자료가 완성되는 일은 없을 겁니다. 꼭 필요한 데이터가 빠져 있을 수도 있고, 말하고자 하는 순서와 다를 수도 있겠지요. 아니면 완성된 자료를 먼저 검토할 예정이었는데 곧바로 거래처에 보내버리는 일이 발생할 수도 있습니다. 지시용 문서를 「지도화」하면 다음 페이지와 같습니다.

업무 지시용 포맷

1 이 문장을 쓰는 목적은 무엇인가?

2 이 문장을 읽는 사람은 누구인가?

3 지시하는 일의 최종 목표

4 구체적으로 부탁하고 싶은 것

5 주의가 필요한 부분

6 참고할 데이터

7 궁금한 점이 있는 경우

8 마감 기한

업무 지시용 포맷 [활용 예시]

1 이 문장을 쓰는 목적은 무엇인가?
다음 주 월요일 발표에 사용할 자료 작성을 지시하기

2 이 문장을 읽는 사람은 누구인가?
박○○ 사원

3 지시하는 일의 최종 목표
- A사에 서비스 내용을 정확히 이해시킬 것
- 지난주 의견 청취 중 언급된 A사의 우려점을 해소하는 방안을 제시할 것

4 구체적으로 부탁하고 싶은 것
7월 3일 B사에 보냈던 발표 자료를 바탕으로 A사에서 우려하는 XXX와 YYY에 대한 대응 방안을 담은 새 발표 자료를 준비

5 주의가 필요한 부분
- 우려 해소를 위한 정확한 수치 데이터를 반드시 포함할 것 (B사에 제출한 자료와 동일한 내용)
- A사에 보내기 전 검토 예정
- B사 자료 3페이지 오타 수정

6 참고할 데이터
B사 자료는 공유 폴더에서 확인

7 궁금한 점이 있는 경우
메신저로 연락

8 마감 기한
MM월 DD일 오전 중 이메일로 송부

상사의 승인을 받기 위한 필승 포맷

다음으로 살펴볼 것은 조금 더 쉽고 빠르게 상사의 승인을 받을 수 있는 포맷입니다.

승인 절차는 정보가 넘치지도 부족하지도 않게 상사의 입맛에 꼭 맞춰야 하는 제법 까다로운 과정이지요. 또 전달하고자 하는 내용이 복잡한 경우가 대부분이라 쓰다가 지쳐 '전화하는 편이 빠르지 않을까?'라는 생각을 종종 하게 되는 작업이기도 합니다.

이 과정 또한 지도화하여 중간중간 필요한 지표들을 적절히 추가해 주면 단번에 상사의 승인을 얻어낼 수 있습니다.

이때 도움이 되는 것이 바로 다음 페이지의 승인 요청용 포맷입니다.

승인 요청용 포맷

1 이 문장을 쓰는 목적은 무엇인가?

2 이 문장을 읽는 사람은 누구인가?

3 현재 상황은 이렇습니다

4 직면한 과제는 이것입니다
  → 이 과제에 도달하게 한 데이터는 이것입니다

5 이 과제의 발생 원인으로 꼽는 가설은 이것입니다

6 이 가설을 뒷받침하는 근거 자료는 이것입니다

7 해결 방안은 이것입니다

8 7의 기대 효과는 이것입니다

9 이대로 진행해도 문제없을지

10 언제까지 답변해야 하는지

어쩌면 4번 항목을 보고 데이터를 정리하는 것은 번거롭고 귀찮으니 생략해야겠다고 생각한 분이 계실지도 모르겠네요. 하지만 내용을 검토하던 상사의 질문에 "그 자료는 여기에 있습니다."라고 답변할 수 있다면 승인 결과는 확실히 달라집니다.

저는 이 포맷을 활용할 줄 알았기 때문에 리브센스에서 일할 때도, DeNA에서 일할 때도 좋은 평가를 받을 수 있었다고 생각합니다. DeNA의 창업자인 난바 씨는 저와 마주칠 때마다 "이시쿠라, 바빠 보이네?"라며 농담을 건넸습니다. 그때마다 저는 "무리한 요구만 하는 상사를 모시느라고요."라고 장난스럽게 받아치고는 했지만, 사실 난바 씨야말로 누구와도 비교할 수 없을 만큼 바쁘다는 것을 잘 알고 있었습니다. 난바 씨처럼 바쁜 상사일수록 되물을 필요가 없고 결정만 내리면 되는, 혹은 무엇을 논의해야 하는지가 한눈에 보이는 자료를 작성할 수 있는 팀원이 필요합니다. '이 친구와 일하면 시간 낭비가 없어서 좋네.'라는 생각이 절로 들게끔 말이죠. 그러다 보면 자연스럽게 경영진과 직접 소통하는 포지션이 주어질 확률도 높아집니다. 저는 상사의 추가 질문이나 확인 절차 없이 신규 프로젝트의 승인을 받아냈을 때의 쾌감을 여전히 잊지 못합니다.

무의미한 대화로 시간을 낭비하고 싶지 않을 때 사용하는 포맷

물론 승인을 얻기 위해 상사와 미리 상의하여 의견을 조율하는 과정이 필요할 때도 있습니다. 하지만 논의 주제와 관련 없는 세세한 부분까지 짚고 넘어가려는 상사 때문에 시간을 다 써버리고 정작 확인이 필요한 내용은 언급조차 하지 못한 채 회의가 마무리되는 일이 발생하기도 합니다. 이럴 때는 다음과 같은 포맷을 사용해 최대한 간단명료하게 자료를 만들어야 합니다. 논의의 목표를 명확히 기재함으로써 논점에서 벗어나는 것을 미리 방지하는 것이지요.

방침 결정을 위한 논의용 포맷 [활용 예시]

1 오늘 논의의 최종 목표

A안과 B안 중 어떤 것을 채택할지 결정해야 합니다.

2 메리트, 디메리트

A안의 메리트는 △△입니다. 다만 ▲▲한 점이 우려됩니다.
B안의 메리트는 □□입니다. 다만 ■■한 점이 우려됩니다.

3 논의가 필요한 부분

○○에 대한 논의가 필요합니다.
검토하신 후 A안과 B안 중 하나를 선택해 주십시오.
답변 주시면 감사하겠습니다.

이처럼 논의가 필요한 지점을 먼저 제시하면 미팅의 흐름을 직접 컨트롤할 수 있을 뿐 아니라 세세한 부분까지 신경을 쓴다거나 자신의 권력을 어필하고 싶어 하는 유형의 상사를 상대로도 순조롭게 논의를 진행시킬 수 있습니다.

포맷은 읽는 사람이 궁금해하는 내용으로 채웁니다

지도화된 포맷을 사용하면 글을 쓰는 속도가 극적으로 빨라질 뿐만 아니라 읽는 사람을 같은 목적지로 이끄는 것이 가능해집니다.

핵심은 내용을 적절히 분배함으로써 상대가 이해하기 쉽게 만드는 것입니다. 그리고 읽는 사람이 알고 싶어 하는 내용을 쓰는 것도 중요합니다. 이 두 가지만 기억하면 일 처리가 훨씬 빠르고 단순해집니다.

알기 쉽게 풀어서 쓰는 것은 지시자, 제안자, 보고자 등 글을 쓰는 사람의 몫이라는 것을 잊지 마시기를 바랍니다.

이번 챕터에서는 업무용 이메일이나 채팅에 쓸 수 있는 지도화 기술을 살펴보았습니다. 이 포맷들을 적절히 활용하면 거의 모든 업무 상황에 대처할 수 있으리라 생각하지만, 만약 여러분이 직접 새 포맷을 만들어야 한다면 상대방에게 무엇을 이해시키려 하는지, 읽은 후에 상대방이 어떻게 행동하기를 바라는지, 읽는 사람이 무엇을 궁금해할지, 어떤 말을 들으면 기뻐할지를 생각하면 도움이 될 것입니다.

2장

글쓰기 고민을
덜어주는
10가지 테크닉

일이 잘 풀리는 글쓰기 비법

1장에서는 보다 쉽고 빠르게 글을 쓰기 위해 지도화 방법으로 만든 네 가지 포맷을 살펴보았습니다. 이 포맷들 외에도 제가 지난 7년 동안 전면 재택근무를 시행하는 회사에서 일하며 직접 글을 써보면서 터득한 몇 가지 테크닉이 더 있습니다. 2장에서는 여러분의 글쓰기 고민을 덜어드릴 수 있는 열 가지 테크닉을 소개하겠습니다.

제가 소개하는 방법들을 제대로 구사하신다면 이해하기 쉬운 문장을 빠르게 쓸 수 있을 뿐 아니라 비대면으로도 대화를 매끄럽게 이어갈 수 있어 여러분의 업무 평판도 훨씬 좋아질 것입니다.

'어떻게 써야 하지?'라는 고민을 덜어주는 10가지 테크닉

[테크닉 1] 대화는 채팅으로, 세부 내용은 문서로
[테크닉 2] 추측하지 말고 구체적으로 질문하기
[테크닉 3] 하나의 글에는 하나의 메시지만 담기
[테크닉 4] 사실, 인상, 의견을 구분하기
[테크닉 5] 예시를 적절히 활용하기
[테크닉 6] 해석이 갈릴 때는 정의를 내려주기
[테크닉 7] 주어의 범위 좁히기

[테크닉 8] 정확한 수치를 제시하기

[테크닉 9] 비교의 기술 활용하기

[테크닉 10] 일이 진행되는 과정을 기록하기

어떻게 써야 할지 막막할 때마다 도움이 될 만한 방법부터 하나씩 시도해보시기를 바랍니다.

[테크닉 1]
대화는 채팅으로, 세부 내용은 문서로

- 메신저나 이메일을 너무 자주 보내면 팀장님이 싫어하실 것 같아서 웬만하면 한 번에 끝내고 싶은데 내용이 너무 복잡하네…
- 진짜 열심히 정리해서 장문의 이메일을 보냈는데 원하는 답변이 오지를 않네…

이런 고민을 토로하는 분들이 종종 계십니다.

저는 오랜 기간 재택근무를 이어오며 텍스트 커뮤니케이션의 핵심은 바로 대화를 그대로 문자화하는 것임을 깨달았습니다. 앞서 말씀드린 것처럼 메시지를 주고받는 횟수가 늘어나면 늘어날수록 단순 접촉 효과에 의해 더욱 큰 신뢰를 얻을 수 있습니다.

그러니 이메일이나 메신저를 활용한다고 해서 굳이 대화를 한 번에 끝내려고 애쓸 필요가 없습니다. 글은 반드시 짜임새 있고 간결하게 써야 한다고 생각하기 쉽지만, 이것은 오해입니다.

물론 말하고자 하는 내용을 정리해서 보내야 한다는 생각이 잘못된 것은 아닙니다. 하지만 복잡한 내용을 한 번에 전달해버리면 받는 사람은 혼란스러울 수밖에 없습니다. 꼼꼼히 정리했다면 분량을 조금씩 나누어 사무실에서 대화를 나누듯 하나씩 전달해 봅시다. 누군가와 얼굴을 마주 보고 대화할 때 자신이 하고 싶은 말을 미리 정리해 두었다가 한 번에 전부 내뱉는 사람은 없습니다. 상대와 한 마디씩 주고받으며 대화를 이어나가는 것이 일반적이지요. 텍스트 커뮤니케이션도 이와 마찬가지입니다. 메신저나 이메일을 활용해 단순 접촉 횟수를 늘리면서 그와 동시에 잘 정리된 자료로 논의사항을 제시하는 것이 핵심입니다. 이때 중요한 것은 기본적인 대화는 채팅으로 하고, 상의하고 싶은 내용은 자료로 정리하는 식으로 구분하는 것입니다.

흔히 볼 수 있는 NG 사례를 한번 살펴보겠습니다.

잘못된 예

상의드릴 부분이 있어 연락드립니다.
아래 내용을 참고하시어 의견 부탁드리겠습니다.

이번 프로젝트 진행과 관련된 사항입니다.

얼마 전 A와 B, 두 개의 시제품을 테스트하였습니다. C라는 결괏값을 도출해냈으나 D라는 문제점 또한 발견되었습니다.

기존 계획대로 A로 진행할 경우, 100만 원의 예산이 필요하고 500만 원의 수익이 기대됩니다.

하지만 D를 신중히 검토해본 결과, 새 시제품을 추가로 제작해 테스트해보는 것도 좋을 듯합니다. 이 경우 필요 예산이 300만 원을 초과하지만, 결과가 성공적이라면 1,500만 원 이상의 수익을 기대해 볼 수 있습니다.

다만 새 시제품에서 추가적인 문제점이 발견된다면 더 많은 예산을 투입해야 할 가능성이 있다는 점이 우려됩니다.

어느 쪽으로 진행하면 좋을지 의견 주시면 감사하겠습니다.

이렇게 내용을 한꺼번에 정리해서 보내버리면 예를 들어 "300만 원은 어떻게 해서 나온 금액이죠?" 같은 추가적인 질문에 답변하는 사이 애초에 무엇을 상의하려 했던 것인지 잊어버리게 되는 경우가 있습니다. 또는 깜빡하고 질문하지 못한 내용이 갑자기 떠올라 다시 연락해야 하는 상황이 생길지도 모르고요. 이런 상황에서는 자료를 미리 만들어 놓은 다음 아래 예시와 같이 채팅을 시작하는 것이 좋습니다.

올바른 예

사원 "이번 프로젝트의 방향성과 예산 운용에 관해 상의드리고 싶은 내용이 있는데, 혹시 지금 시간 괜찮으실까요?"

과장 "예, 괜찮습니다. 어떤 내용인가요?"

사원 (미리 준비한 자료를 보내며) "이 부분에 대해 의견 여쭙고 싶습니다." or "자세한 내용은 방금 이메일로 보내드렸습니다." (잠시 후) "기존 계획대로 A로 진행하는 게 좋을지, 아니면 신규 예산 300만 원을 추가해 D를 해결하는 게 좋을지 의견 부탁드려도 될지요?"

과장 "보내준 자료 확인했습니다. 우려된다고 써준 부분 말인데요······"

이처럼 채팅과 문서를 구분하여 활용하면 충분한 이해가 필요한 세부 내용은 자료로 확인하고, 검토나 답변을 부탁할 때는 채팅으로 대화를 하듯 주고받을 수 있으므로 일이 훨씬 순조롭게 진행됩니다.

[테크닉 2]
추측하지 말고 구체적으로 질문하기

이 책을 집필하는 과정에서 실시한 설문 결과를 통해 '채팅이나 이메일로는 상대방의 감정을 알아채기가 어렵다', '혹시 기분이 나쁜 것은 아닌지, 알겠다고 하지만 사실은 하기 싫은 것이 아닌지 자꾸만 신경이 쓰인다'라는 고민을 하고 계신 분들이 많다는 사실을 알 수 있었습니다.

실제로 상대방이 어떻게 생각하는지 고민해야 하는 상황이 텍스트 커뮤니케이션을 하며 느끼는 어려움 중 상당히 큰 부분을 차지합니다. 하지만 반대로 생각하면 이러한 걱정을 하는 데 허비하는 시간을 줄일 수 있다면 업무 속도는 확연히 빨라지겠지요.

그럼 어떻게 해야 상대의 마음을 헤아리는 데 들이는 시간을 줄일 수 있을까요? 방법은 간단합니다. "혹시 추가로 확인 필요한 부분이 있으실까요?", "이렇게 이해했는데, 이대로 진행하면 될까요?"라고 물어보면 됩니다. 이때 핵심은 두루뭉술한 표현을 사용하지 않는 것입니다.

✕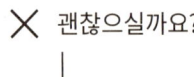

◯ 갑작스럽게 요청드리게 되었는데, 혹시 일정에 문제 없으신가요?

이처럼 우려되는 지점을 구체적으로 언급하는 것이 좋습니다.

아무리 가까운 사이라도 '이렇게 생각하겠지?'라고 추측한 내용이 전부 맞아떨어질 수는 없습니다. 함께 사는 가족이나 배우자도, 10년을 알고 지낸 절친도 '이런 생각을 하고 있었구나!' 하고 놀랄 때가 종종 있지 않으신가요? 그러니 업무로 만난 사람의 마음을 100퍼센트 정확하게 예측하기란 애초에 불가능한 일이라고 봐야겠지요. 따라서 상대방의 마음을 헤아리려 하지 말고 구체적인 질문을 통해 확인하는 것이 중요합니다. 다만 배려심이 깊은 사람일수록 다음과 같은 불안감에 질문하는 것을 어려워하는 경향이 있습니다.

- 너무 세세한 부분까지 확인하면 싫어할지도 몰라.
- 매번 물어보고 확인하느라 상대방의 시간을 잡아먹는 건 아닐까?
- 이 정도도 몰라서 묻냐고 생각하면 어쩌지?

하지만 이런 걱정들은 제쳐두고 메시지를 주고받는 횟수를 늘려보시기를 바랍니다. 일을 할 때 가장 중요한 건 정확하게 이해하는 것이니 말입니다. 예를 들어 상사의 지시가 명확하지 않은 경우에는 이렇게 물어보면 됩니다.

- 평소 처리하시는 절차가 있다면 알려 주십시오.
- XX라는 부분이 조금 헷갈리는데, YY라고 이해하는 게 맞을까요?
- 거래처 담당자에게 보내기 전에 부장님께서 먼저 검토하시는 게 좋을지요?
- 참고해야 할 자료가 있다면 말씀 부탁드립니다.

지시를 내린 사람도 이런 질문을 받고 나서야 자신의 설명이 부족했다거나 명확하지 않았다는 사실을 깨닫게 되는 경우가 종종 있습니다. 그리고 어떻게 설명해야 상대방이 이해하기 쉬울지를 고민하기 시작하며 지시하는 입장에서도 기대하는 결과를 얻으려면 노력이 필요하다는 사실을 받아들이게 됩니다. 질문과 답변을 주고받는 사이 지시를 하는 사람도 지시를 받는 사람도 자신이 해야 하는 일에 대한 이해도가 높아져 결과적으로는 아웃풋의 질이 높아집니다.

또한 대화를 거듭함으로써 앞서 소개한 단순 접촉 효과가 발생합니다. 구체적인 질문이나 확인 절차를 통해 '일 처리를 신중하게 하는 편이군', '내가 생각하지 못한 부분을 짚어주네' 같은 긍정적인 인상을 남길 수도 있습니다.

텍스트 커뮤니케이션 환경에서는 직접 만나 대화를 나눌 때보다 정보량이 적어질 수밖에 없습니다. 말하는 내용 이외에 상대방의 표정이나 제스처로 파악할 수 있는 정보를 얻지 못하니 당연한 일입니다. 따라서 글로 대화할 때는 무턱대고 상대를 배려하기보다는 모를 때는 모른다고 말하고 궁금한 내용은 질문하여 오해의 소지를 없애도록 합시다.

[테크닉 3]
하나의 글에는 하나의 메시지만 담기

다음으로 주의해야 할 점은 하나에 글에 하나의 메시지만 담아 전달하는 것입니다. 이것은 메신저든 이메일이든 관계없이 원활한 텍스트 커뮤니케이션을 위한 기본적인 마음가짐입니다.

예를 들어 이메일을 여러 번 보내면 민폐일지도 모른다는 생각에 영업 방침에 관한 논의사항과 다음 주 회의 자료를 하나의 이메일로 정리해 보내버리는 것은 그다지 좋은 방법이 아닙니다.

그 이유는 상대가 일이 바빠 이메일을 확인할 시간이 부족할 경우, '너무 길어서 다 읽을 수가 없네', '무슨 말을 하려는 건지 모르겠어'하고 답변을 미뤄버리는 일이 종종 발생하기 때문입니다. 또한 한 가지 내용에만 모든 관심을 빼앗겨 두 가지 중 하나에 대한 답변만 받게 되는 일도 있습니다. 그럼 다른 하나에 대한 답변을 받기 위해 또다시 이메일을 써야 하니 번거롭겠지요.

그러니 되도록 '◎◎사 영업 방침 관련 논의사항'과 '◎월 ◎일 회의 자료'라는 제목으로 두 통의 이메일을 각각 나누어 보내도록 합시다.

[테크닉 4]
사실, 인상, 의견을 구분하기

보고할 때마다 상사의 지적을 받는 사람이나 알아듣기 쉽게 말하라는 이야기를 듣는 사람의 공통점은 사실과 인상과 의견을 섞어서 말한다는 것입니다. 다음 문장을 예로 들어 살펴보겠습니다.

"A사에 제안한 안건은 이번 주 중으로 결과가 나옵니다."

이 문장을 보면 'A사 담당자가 이번 주 중으로 답변을 준다고 했나 보다'라는 의미의 사실 보고로 이해하는 사람이 대부분일 것입니다. 하지만 실제로는 '이번 주 중으로 A사에 전화해서 결과를 확인하려고 한다'라는 보고자의 의견일 수도 있습니다. 이 경우 다음 주가 되어 "A사 건은 어떻게 됐나요?"라는 상사의 질문을 받았을 때 "연락해 봤는데 담당자가 자리를 비웠더라고요." 아니면 "아직 검토 중이라고 합니다." 같은 답변을 하게 되는 일이 벌어질 가능성이 있습니다. 그리고 당연히 상사는 '지난주에 결과가 나온다고 했는데 제대로 확인이 안 된 건가?'라고 부정적으로 생각할 수밖에 없겠지요.

그러니 사실이라면,

✗ "A사에 제안한 안건은 이번 주 중으로 결과가 나옵니다."
↓
○ "A사에 제안한 안건은 담당자인 B부장이 이번 주 중으로 결론을 내겠다고 하여 금요일에 전화로 확인할 예정입니다."

인상이라면,

> ✕ "A사에 제안한 안건은 이번 주 중으로 결과가 나옵니다."
> ↓
> ○ "이번 주 중으로 견적 확인이 가능하다고 했으니, 금요일에 전화하면 답변을 받을 수 있을 것 같습니다. 답변을 받지 못하면 언제 결론이 나올지 확인하겠습니다."

의견이라면,

> ✕ "A사에 제안한 안건은 이번 주 중으로 결과가 나옵니다."
> ↓
> ○ "이번 달 말까지는 확정되어야 하니 이번 주 중으로 답변을 받을 수 있도록 다시 한번 필요한 사항을 정리해 연락해 보겠습니다."

이런 식으로 사실과 인상과 의견을 구분해서 쓰면 오해 없이 전달됩니다.

이 부분만 주의해도 상사나 클라이언트에게 함께 일하기 편하다는 인상을 남길 수 있습니다. 물론 '이 사람 말은 꼭 마지막에 뒤집힌다니까', '매번 말만 그럴듯하게 하고 제대로 결과를 낸 적이 없잖아' 같은 평가를 받을 일도 없고 말입니다.

[테크닉 5]
예시를 적절히 활용하기

대면이든 비대면이든 여러 사람이 같은 이미지를 공유하는 것은 생각보다 어려운 일입니다. 상대방의 머릿속을 직접 확인해 볼 수가 없으니 몇 번이나 대화를 주고받았는데도 서로 떠올리는 이미지가 다르거나, 내가 주려고 하는 것과 상대가 받기를 예상하는 것에 차이가 발생하는 경험을 종종 하게 됩니다. 이러한 문제를 극복하고 같은 이미지를 공유하는 데 도움이 되는 것이 바로 '예를 들어'로 시작하는 문장입니다. 상대가 알고 있는 범위 내에서 구체적인 예시를 활용해 전달하고자 하는 이미지를 명확히 표현해낸다면 상대도 쉽게 이해할 수 있습니다.

예시를 활용하는 것에는 다음과 같은 장점이 있습니다.

- 읽는 사람이 이미지를 떠올리기 쉽다.
- 내가 그 상황이면 어떻게 생각할지 고민하며 공감하게 된다.
- 각자 떠올리는 이미지를 조합하여 조율할 수 있다.

이는 글에 적절한 예시가 포함되어 있으면 글을 쓰는 사람이 기대하는 방향으로 논의를 이끌어나가기 쉬워진다는 뜻이기도 합니다. 그렇다면 적절한 예시를 들려면 어떻게 해야 할까요? 다음의 다섯 가지 포인트를 염두에 두고 글을 쓰면 누구나 쉽게 좋은 예시를 생각해낼 수 있습니다.

① 예시가 필요한 대상의 구조를 파악한다.
② 상대와의 공통 분야 내에서 같은 구조를 가진 것을 찾는다.
③ 비교한다.
④ 전체적인 이미지를 의식한다.
⑤ 이미 존재하는 좋은 예시를 따라 한다.

저는 과거 아르바이트로 생계를 유지하던 시절에 텔레마케터로 일한 적이 있었습니다. 당시 제가 맡은 일은 집집마다 전화를 걸어 광파이버를 사용한 'B플렛츠'라는 통신 서비스에 가입하도록 권유하는 것이었습니다. 하지만 전화를 받는 사람은 대체로 연배가 높은 여성이었기 때문에 인터넷 속도에 관해 잘 모르는 경우가 많았습니다. 그러니 당연히 "최고 속도가 무려 ○○Mbp까지 나옵니다!"라고 매뉴얼에 나와 있는 영업 문구를 아무리 반복해도 이게 얼마나 좋은 것인지가 제대로 전달되지 않았습니다. 여기서 저는 한 가지 예시를 활용함으로써 입사 두 달 만에 일본 각지의 직원 2천여 명 중에서 가장 높은 영업 실적을 낼 수 있었습니다.

"항상 장을 보러 다니시는 마트에 자전거를 타고 가신다고 한번 생각해 보세요. 만약 그 자전거가 전기자전거로 바꾸면 짐이 무거울 때나 언덕을 올라갈 때 훨씬 편해지시겠죠. 인터넷 회선이 ADSL에서 광파이버로 바꾸는 것도 자전거랑 똑같다고 보시면 됩니다. 일반자전거보다 전기자전거가 가격이 조금 더 비싼 것처럼 광파이버도 마찬가지로 ADSL보다는 가격이 아주 조금 더 높습니다. 하지만 장을 자주 보러 다니시듯이 인터넷도 거의 매일 사용하시는 것이기 때문에 스트레스를 받으시는 일 없이 편하게 쓰실 수 있다면 더 좋지 않을까요? 최근에 실제로 많은 분이 이렇게 생각하시고 회선을 바꾸고 계십니다. 전기자전거로 바꾸고 불편하다고 말씀하시는 분이 한 분도 안 계시는 것처럼…"

쉽게 말해 광파이버 회선으로 바꾸는 상황을 평소 자주 다니는 마트에 장을 보러 가는 것을 예로 들어 설명했던 것입니다.

설득력 높은 예시를 만드는 방법

좋은 예시가 좀처럼 떠오르지 않는다는 분들이 계실지도 모릅니다. 그런 분들을 위해 알기 쉬운 예시를 생각해내는 방법을 알려드리겠습니다.

① 예시가 필요한 대상의 구조를 파악한다.

적절한 예시를 만드는 데 꼭 필요한 과정은 바로 예시를 활용해 설명할 대상의 구조를 파악하는 것입니다. 인터넷 회선이 ADSL에서 광파이버로 바뀌는 것을 다시 예로 들어보면 다음과 같습니다.

- 기본적으로 할 수 있는 것은 바뀌지 않는다.
- 인터넷 속도가 빨라져 스트레스가 줄고 사용이 편해진다.
- 사용료가 약간 오른다.

② 상대와의 공통 분야 내에서 같은 구조를 가진 것을 찾는다.

구조를 파악한 다음으로는 전화를 받는 분들에게 친숙한 분야에서 같은 구조를 가진 것을 찾았습니다. 그렇게 일반 자전거가 전기자전거로 바뀌는 상황을 떠올린 것이었죠.

- 기본적으로 할 수 있는 것은 바뀌지 않는다.
- 이동 속도가 빨라져 스트레스가 줄고 사용이 편해진다.
- 가격이 약간 비싸다.

좋은 예시를 찾다 보면 의외의 장르끼리 연결되는 경우가 종종 있습니다. 전기자전거를 타고 마트에 가는 것과 인터넷 회선이 광파이버로 바뀌는 것의 구조가 같았던 것처럼 말입니다. 그리고 이어서 '④ 전체적인 이미지를 의식'하여 광파이버 회선으로 변경하는 사람들이 실제로 늘어나는 추세라는 사실을 전달하고, 혹시 상대가 "지금보다 얼마나 빨라지나요?"하고 관심을 보이면 '③ 비교'를 추가하여 설득을 이어가면 됩니다.

일상 속에서 좋은 예시를 수집해 봅시다

우리가 어떠한 행동을 주저하게 되는 가장 큰 이유는 잘 모르는 것에 대한 두려움 때문인 경우가 많습니다. 그런데 좋은 예시에는 '잘 모르겠다'를 '이제 알겠다', '공감이 간다', '머릿속에 이미지가 떠오른다'로 바꾸는 힘이 있습니다. 그렇기 때문에 상대가 행동하기 쉽게 만드는 효과를 기대해볼 수 있는 것입니다.

마지막 ⑤번의 '이미 존재하는 좋은 예시 따라 하기'는 아주 간단합니다. 최근에 읽은 책이나 눈길을 사로잡은 기사, 업무 관련 발표 내용, TV에 나온 연예인의 에피소드 등에서 이해하기 쉬운 예시가 나오면 즉시 메모를 해두는 것입니다. 다른 사람이 사용한 예시 중 쓸 만하다고 생각되는 것이 있다면 적극적으로 활용해 봅시다. 예를 들어 사람들이 많이 사용하는 다음과 같은 예시들은 여러분도 아마 한 번쯤 들어보신 적이 있으시리라 생각합니다.

- '몸이 기억한다'의 예로 '자전거는 한 번 배우면 평생 탈 수 있다'를 드는 것
- '영업은 연애와 같다'는 예를 드는 것

우리가 예시를 활용하는 목적은 상대가 이미지를 떠올리기 쉽게 하기 위함입니다. 그러니 반드시 직접 만든 예시여야 할 필요는 없습니다. 제대로 전달되는 것이 중요합니다. 평소에 예시가 필요할 것 같은 대상의 구조를 미리 파악해 두거나, 같은 구조를 가진 사업이 무엇이 있는지 찾아보거나, 최근에 읽은 책의 내용을 한마디로 정리해보는 등의 훈련을 하다 보면 누군가가 사용한 좋은 예시가 자연스럽게 귀에 들어올 것입니다. 이 과정을 반복하며 이해하기 쉬운 예시는 어떤 구조로 되어 있는지 분석해 보는 것도 좋습니다. 성과가 당장 눈앞에 나타나지는 않겠지만, 적절한 예시를 드는 사람의 방식을 따라 하다 보면 여러분이 쓰는 예시도 분명 좋아질 것입니다.

[테크닉 6]
해석이 갈릴 때는 정의를 내려주기

누구나 쉽게 이해할 수 있는 문장을 쓰는 방법으로 초등학생 수준의 단어를 선택하라거나 전문용어 사용을 지양

하라는 등의 조언을 하는 경우가 많습니다. 하지만 매번 쉬운 표현들로만 문장을 쓸 수는 없습니다. 전문용어를 사용하는 편이 훨씬 쉽고 빠르게 전달되는 경우도 있고요. 다만 이때 염두에 두어야 하는 것은 읽는 사람에 따라 해석이 갈리지 않도록 정의를 내려주는 것입니다.

예를 들어 '구조화'라는 단어를 쓰고 싶다면 먼저 구조화의 정의를 써줍니다.

> 구조화란⋯ 회사 내에서 어떤 기능이 정식으로 받아들여져 계속 이용되고 있는 것 / 설정된 목표에 따라 정보나 수치가 정리된 것 / 담당자가 바뀌어도 판단이 달라지지 않는 상태가 된 것

이러한 정의를 먼저 기재한 다음 '○○을 구조화할 것', '×× 개선을 위해서는 구조화가 필수다' 등의 표현을 사용한다면 읽는 사람에 따라 해석이 달라지는 문제를 방지할 수 있습니다.

비즈니스 문서뿐만 아니라 기사나 칼럼 등을 쓸 때도 글의 서두에 앞으로 전개될 이야기의 주요 소재를 명확히 정의해 두면 좋습니다. 그렇지 않으면 작가가 쓴 내용과 독자가 읽은 내용이 달라질 우려가 있기 때문입니다.

두 가지 예를 살펴보겠습니다. 먼저 고민을 줄여야 한다는 내용을 골자로 하는 칼럼의 서두입니다. '고민'과 '생각'을 각각 정의하여 그 차이를 보여준 다음 글을 시작하였습니다.

<고민을 줄이는 하나의 방법>

나는 고민과 생각을 철저히 구별하고 있다. 실제로 생각하는 것은 좋아하지만, 고민하는 것은 좋아하지 않는다. 아니, 좋아하지 않는다기보다 아예 하지 않는다. 고민은 '답이 보이지 않는 것'이고 생각은 '답을 찾을 수 있는 것'으로 정의하는데, 주위를 둘러보면 답이 보이지 않는 것을 오래 붙잡고 고민하거나 답이 이미 나와 있는데 끙끙대며 생각하는 경우가 많다.

다음은 '사업'을 정의한 칼럼입니다.

<사업을 한다면 누가 내 고객인지를 먼저 정하라>

사업 혹은 비즈니스란 자본, 인력, 시간을 투입하여 최대한의 수익을 만들어내는 것이라고 정의할 수 있다. 이러한 관점에서 봤을 때 무엇을 어디에 얼마나 투자할지 생각하는 것은 매우 중요하며, 그중에서도 '나의 고객이 누구인지 정하는 것'은 반드시 거쳐야 하는 과정이다. 라멘 가게를 새로 열게 되었다고 가정해 보자. 최고급

재료만을 사용해 정성스럽게 요리하고 높은 수준의 접객 서비스를 제공할 예정이기 때문에 라멘 한 그릇의 가격을 2만 원으로 책정했다. 그런데 만약 2만 원은 너무 비싸니 1만 원에 팔라는 고객이 나타난다면 당신은 음식값을 내릴 것인가? 아마 내리지 않을 것이다. 한 그릇에 2만 원을 내도 좋다고 생각하는 사람 이외에는 내 고객이 아니며, 고객으로 삼아서도 안 된다.

해석이 갈릴 우려가 있는 개념을 미리 정의해 두면 읽는 사람이 도중에 길을 잃게 될 확률을 크게 줄일 수 있습니다. 내용의 전달이 쉽고 정확해질 뿐만 아니라 글을 쓴 사람의 생각의 흐름에 집중하여 읽을 수 있기 때문입니다.

이 방법은 회의할 때도 도움이 됩니다. 회의를 시작하며 정의와 해석을 미리 공유하면 논점에서 벗어나는 일이 줄어들 것입니다.

[테크닉 7]
주어의 범위 좁히기

다음으로는 자신의 의견을 관철하거나 상사의 빠른 승인을 받기 위해 설득력 있는 문장을 써야 할 때 활용할 수 있는 두 가지 방법을 살펴보겠습니다.

먼저 첫 번째 방법은 주어의 범위를 좁히는 것입니다. 만약 자신의 의견이 좀처럼 받아들여지지 않는다거나 주변 사람들을 설득하는 것이 어렵다고 느끼신다면 평소 사용하는 주어에 주목해 보시기 바랍니다.

× "다들 그렇게 생각합니다."
× "A사는 이런 스타일인 것 같습니다."
× "사람들의 보편적인 인식과 괴리가 크지 않나요?"

의견을 낼 때 이처럼 주어의 범위가 넓으면 아무리 옳은 내용을 말해도 설득력이 떨어집니다. 이는 대면이든 비대면이든 관계없이 전반적인 커뮤니케이션에서의 공통된 경향입니다.

의견을 말할 때는 "저는 ○○라는 이유로 찬성합니다.", "저는 ××라는 점이 우려되기 때문에 반대합니다."라고 말하면 충분합니다. 하지만 설득력을 높이려는 욕심 때문인지 "이번 안건은 모두가 기대하고 있습니다.", "그 의견에 대한 팀 내 분위기가 좋지 않습니다."라는 식의 발언을 하게 되는 경우가 있는데, 참으로 안타까울 따름입니다.

이런 말을 들었을 때 상사는 '모두가 누구를 말하는 거지?', '정말 팀원들 의견을 전부 확인한 걸까?'라는 생각을 할 수밖에 없습니다.

상대가 의문을 품기 시작하면 신뢰도는 급격하게 떨어집니다. 상대는 이런 사람의 의견보다 '자신만의 의견을 내는 사람'의 말을 더욱 존중하게 될 것입니다. 의견을 묻는 질문을 받았다면 "저는 이렇게 생각합니다."라고 명확하게 표현하시기를 추천합니다.

그 밖에도 '우리 회사는', '경영진은', '한국에서는', '남성은', '여성은', '일반적으로는', '상식적으로는', '지금까지의 관례로는' 등 의견을 말할 때 설득력을 높이기 위해 사용하게 되는 광대한 범위의 주어가 생각해 보면 상당히 많습니다. 하지만 당연히 모두가 똑같은 의견일 수는 없겠지요. 의견을 낼 때 중요한 것은 찬성이든 반대든 상관없이 '여러분이 어떻게 생각하는가'입니다. 질문한 상대는 주변 사람들이 어떻게 생각하는지 궁금해하는 것이 아닙니다. 즉 "다들 그렇게 생각해요."라고 말하는 사람은 상대가 원하는 답변을 주지 못한 셈입니다.

특히 "우리 회사는 이게 문제야." 같은 발언은 의견이 아닙니다. 오히려 불평불만으로밖에 들리지 않습니다. '회사'라는 사람은 존재하지 않을 뿐더러 설령 반대 의견이 나왔다

해도 그 문제를 지적하는 사람이 사장인지 부장인지 동료 직원인지 알 수가 없습니다. 누구의 의견인지 정확히 모르면 개선할 방법도 없고요.

주어의 범위를 넓게 설정하는 표현 방식은 스스로 설득력을 잃는 결과를 초래합니다. 그러니 '저는', 'A부장님의 말씀으로는'과 같이 주어의 범위를 좁혀 말할 수 있도록 주의하시기 바랍니다. 의견의 주체가 명확히 눈에 보이도록 하는 것이 설득력을 갖추기 위한 조건입니다.

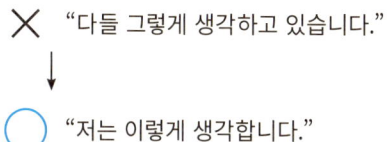

✕ "다들 그렇게 생각하고 있습니다."

○ "저는 이렇게 생각합니다."

[테크닉 8]
정확한 수치를 제시하기

글의 설득력을 높이는 또 하나의 방법은 정확한 수치를 기재하는 것입니다.

"영업 1팀의 수주율이 떨어지고 있습니다."
"기존 클라이언트의 계약 해지율이 증가하고 있습니다."
"신규 기능에 대한 고객의 기대가 큽니다."

언뜻 보기에는 아무런 문제도 없는 문장 같지만, '정말인가?' 하고 사실 여부를 의심하게 할 우려가 있습니다.

이럴 때는 다음과 같이 바꿔주면 전혀 다른 인상을 줄 수 있습니다.

"영업 1팀의 수주율은 지난달까지 35%였으나, 이번 달에는 20%까지 감소하였습니다."

"기존 클라이언트의 4분기 계약 해지율이 10% 증가하였습니다."

"고객 50명을 대상으로 신규 기능에 관한 설문조사를 실시한 결과, 41명이 효과를 기대하고 있다고 답변하였습니다."

이처럼 정확한 수치를 제시하면 같은 내용이라도 설득력이 높아집니다.

'좋다', '나쁘다', '많다', '적다', '오르고 있다', '떨어지고 있다', '잘 팔린다', '팔리지 않는다', '증가하고 있다', '감소하고 있다' 등의 표현들은 구체적인 현상을 지시하는 듯 보이지만, 사실은 어디까지나 개인의 주관적 판단에 불과합니다. 어느 정도를 '많다' 혹은 '적다'라고 생각하는지는 사람마다 그 기준이 다르기 때문입니다.

정확한 수치를 추가하여 설득력을 높이면 상사나 동료들의 신뢰도 얻을 수 있습니다. 그 결과 회의나 발표에서 여러분의 의견이 훨씬 쉽게 받아들여지고, 더 나아가서는 새로운 업무나 중요한 프로젝트를 맡게 될 확률이 높아지며 업무 능력을 평가받을 기회 또한 늘어날 것입니다.

[테크닉 9]
비교의 기술 활용하기

기획안이나 제안서를 작성할 때 알아두면 도움이 되는 것이 바로 비교의 기술입니다.

지금까지 설득력을 높이는 방법으로 '주어의 범위 좁히기'와 '객관적인 수치 제시하기'를 살펴보았습니다만, 여기에 비교까지 더하면 여러분의 의견을 더욱 쉽게 관철할 수 있습니다.

고객사 담당자에게 무언가를 제안할 때 다음과 같이 비교를 활용하면 효과적입니다.

고객사에 연간 예산 1억 2천만 원의 채용 브랜딩을 제안하려 하지만 채용 담당 책임자가 예산 초과 발생 가능성에 대해 난색을 보이는 상황을 예로 들어보겠습니다.

채용 브랜딩 제안

◎ 기존 헤드헌팅 업체를 통한 채용 비용
1인당 1,500~2,000만 원

즉, 1억 2천만 원은 6~8명 채용분에 해당

의견 청취 결과,
불만 사항: 헤드헌팅 업체를 경유하다 보니 미스매치 발생
우려 사항: 채용 예산을 늘리기는 어려움

◎ 제안 내용

헤드헌팅 업체에 지급하던 연간 1억 2천만 원을 채용 브랜딩에 투자하여 연간 6~8명 이상을 채용할 수 있다면 예산이 초과되는 일은 발생하지 않습니다.

서류 전형에서의 수고를 줄이고 귀사의 독자적인 채용 노하우를 쌓을 수 있을 뿐 아니라 미스매치 문제의 해결을 기대해 볼 수 있습니다.

이와 같이 전달하면 연간 예산 1억 2천만 원이라는 금액은 '헤드헌팅 업체를 통한 채용으로 따지면 6~8명분에 해당', '총비용은 바뀌지 않는다'라는 비교 문구에 의해 처음과는 다른 인상을 주게 됩니다.

고객사에서 '같은 예산으로 상황이 개선될 가능성이 있는 건가?'하고 관심을 보이기 시작했다면 긍정적인 신호입니다. 상대에게 친숙한 숫자를 제시하고 비교할 수 있는 구체적인 예시를 덧붙여주면 '그럼 괜찮을 거 같은데?', '생각보다 비싸지 않은데?'라고 생각하게 될 가능성이 커집니다. 또한 비교를 통해 판단 기준을 제공하기 때문에 상대가 쉽고 빠르게 결단을 내리게 하는 효과도 있습니다.

이 예시에서뿐만 아니라 사람은 큰 숫자를 보면 압박감으로 인해 사고가 정지하거나 반사적으로 거부 반응을 보이게 되는 경향이 있습니다. 하지만 구체적인 수치의 비교 대상이 함께 주어진다면 냉철함을 되찾고 객관적으로 판단할 수 있게 됩니다.

나쁜 숫자를 좋은 숫자로 바꾸는 비교의 기술

더 나아가 애매한 숫자나 실패한 사례도 적절히 배치하여 비교의 기술을 활용하면 부정적인 인상을 줄 수밖에 없었던 보고 내용도 얼마든지 긍정적으로 바꿀 수 있습니다. 제가 실제로 자주 사용하는 것은 '세로형 비교', '가로형 비교'라고 부르는 방법입니다.

예를 들어 영업 목표 대비 달성률이 96퍼센트인 상황을 보고해야 한다고 치겠습니다.

'영업 목표 1억 원 대비 달성률 96퍼센트'는 바꿀 수 없는 결과이지만, 보고를 받는 입장에서는 부정적인 인상을 받을 수밖에 없습니다. 하지만 같은 숫자라도 이렇게 써보면 어떨까요?

✕ 영업 목표 1억 원 대비 달성률 96%
↓
○ 영업 목표 1억 원
　 매출액 9,600만 원
　 목표 달성률 96%
　 전년도 동기 대비 125% 증가

이런 식으로 기재하면 목표로 한 수치에는 못 미쳤으나 지난해 같은 시기와 비교해 매출이 큰 폭으로 늘어났다는 사실이 전달됩니다. 이처럼 전년도나 이전분기 등 시간의 경과를 활용해 비교하는 것이 세로형 비교입니다.

여기에 가로형 비교까지 추가해 보겠습니다.

✗ 영업 목표 1억 원 대비 달성률 96%
↓

○ 영업 목표 1억 원
매출액 9,600만 원
목표 달성률 96%
전년도 동기 대비 125% 증가
영업부 평균 매출액 8,000만 원
영업부 전체 목표 달성률 85%

가로형 비교는 같은 상황에 있는 사람이 기록한 수치와의 비교를 말합니다. 여기서는 영업부 전체 데이터와 비교해 보았습니다. 그 밖에도 동종업계 경쟁사나 지역 평균 등을 활용하는 것도 가능합니다. 어떤 숫자와 비교하는지로 보고의 인상을 크게 바꿀 수 있다는 사실을 꼭 기억하시기 바랍니다.

[테크닉 10]
일이 진행되는 전체 과정 기록하기

제가 속한 부서에는 모든 내용을 철저하게 기록하여 남기는 문화가 있습니다.

기록할 때 가장 중요하게 생각하는 것은 '과정'을 남기는 것입니다. 최종적으로 정리된 문서뿐만 아니라 중간중간 주고받은 자료나 개인의 의견 등 모든 과정을 남겨두고 있습니다. 이렇게 하면 나중에 합류하는 직원들도 왜 이런 식으로 진행해 왔는지, 무엇을 중요하게 생각했는지를 파악할 수 있기 때문에 업무에 대한 이해가 확실히 빨라집니다.

- 왜 이렇게 운영해 왔는지
- 이 규정을 만든 배경은 무엇인지
- 이 기능의 목적은 무엇인지

이런 내용을 일일이 구두로 설명하려면 시간이 아무리 많아도 불가능할 것입니다. 또한 그때그때 대화로 해결하고 따로 기록해 두지 않으면 일이 진행되어 온 과정을 모두 알고 있는 직원이 이직하거나 퇴사할 경우 '이게 도대체 왜 이렇게 된 거지?'라는 혼란이 발생하게 되겠지요. 과정을 기록하여 남기는 것을 당연시하게 되면 조직의 전반적인 업무 속도가 극명하게 빨라집니다.

다음 페이지와 같이 회의록 작성 예시를 두 가지 준비해 보았습니다. 논의 과정을 상세히 기록했기 때문에 기존의 방식으로는 쉽게 전달되지 않았던 '왜 이렇게 생각했는지'를 모든 팀원이 공유할 수 있을 것입니다.

머릿속에 있는 내용을 공유하는 포맷 [활용 예시] (1)

×분기 마케팅 및 영업 전략 검토
주요 내용? 마케팅 및 영업 강화를 위한 전략 검토 및 논의.
최종 결재자? A부장.
전제 마케팅 및 영업 강화를 다음과 같이 정의.
고객 기반의 확대 신규 고객사 확보의 지속적인 증가 추세를 유지.
재현성 개개인의 능력에 의존하지 않고 구조화·수치화를 통해 재현성을 확보.

이전분기 방침
1. 영업 과정에서 누락되는 지점이 없는지 재확인.
2. 서비스 지표를 가시화하고 주간 점검 사이클의 구조화를 추진.
3. 하반기 이후 공격적인 영업을 위한 추가 채용.

×분기 방침의 대략적인 틀
마케팅 및 영업 강화 방침(임시)은 크게 두 가지.
1. 기존 서비스의 신규 고객사 확대.
2. 1의 노하우를 신규 서비스 'ZZZ'에 적용.

과거 자료를 바탕으로 한 팩트 체크
서비스명 검색 건수와 마케팅 전략의 관련성, 서비스명 검색 건수와 문의 건수의 관련성.

과거 자료
https://······

사실에 기반하여 알 수 있는 내용
- 광고비 추가 투입과 서비스명 검색 수의 관련성 없음.
- 서비스명 검색량이 서서히 늘어나고 있으나 결정적인 마케팅 및 영업 전략이 없음.
- TV 광고 등 대중매체 노출로 인해 서비스명 검색 건수가 순간적으로 늘어나고 있으나 지속적인 증가로는 연결되지 않음.
- 서비스명 검색 건수가 늘어나도 문의 건수는 늘어나지 않음.

사실에 기반하여 추측할 수 있는 내용
서비스명 검색 건수의 일시적 증가는 문의 건수의 증가로 이어지지 않음. 즉 기존의 마케팅 전략 이외에 문의 건수 증가를 위한 또 다른 방법이 필요한 것은 아닌지?
더 나은 방법이 있는지에 대한 추가 조사 필요.

머릿속에 있는 내용을 공유하는 포맷 [활용 예시] (2)

해결해야 하는 문제는 무엇인가?
- 유효한 마케팅 수단을 아직 찾지 못함
- 새 전략을 시도하지 못해서인가?
- 유효한 전략을 발견하지 못해서인가?

시도해 볼 만한 내용
- 영업을 통한 전반적인 수주율 향상

  서비스나 영업 담당자에 따라 수주율에 차이가 발생 (10~15%P 차). 이 차이를 메꿈으로써 전체적으로 3~5%P 향상을 기대. 1인당 몇 건의 추가 수주가 필요한지 검증 예정

- 문의 건수를 늘리기 위한 수단 마련

앞으로 처리해야 할 내용
- 광고 이외의 다른 마케팅 수단을 활용한 적이 있었는지 조사
- 경쟁사 마케팅 전략 조사
- 가설을 세우고 검증
- 신규 전략 확정
- 예산 및 운영 체계 마련
- 기타 전략 실현 가능성 검토
  예) PR 등

향후 진행 단계
- 다음의 내용을 순차적으로 검토
  - 평균 수주율 5%P 증가를 위해 1인당 몇 건의 추가 수주가 필요한지 확인
  - 문의 건수를 늘리기 위한 수단 확보를 위한 리서치
  - 과거에 활용했던 마케팅 수단 리스트업
  - 경쟁사 마케팅 전략 조사
  - 가설 설정 및 검증
  - 신규 전략 확정
  - 예산 및 운영 체계 마련
  - PR 등의 기타 전략 실현 가능성 검토
  - 위 내용을 바탕으로 이번 분기 마케팅 방침 및 전략의 큰 틀을 업데이트

3장

문서 작성 능력을 높여주는 5가지 포맷

그대로 가져다 쓸 수 있는 문서 작성 포맷

3장에서는 회의 자료, 기획안, 제안서, 보고서 등 지금까지 당신이 작성해 왔던 서류들을 더욱 이해하기 쉽게, 통과되기 쉽게, 그리고 좀더 돋보이도록 만들기 위한 포맷을 알려드리고자 합니다.

글쓰기 실력을 키우기 위한 가장 간단한 트레이닝 방법은 바로 그대로 따라 해보는 것입니다. 특히 좋은 예시와 나쁜 예시를 비교해가며 어디가 잘못되었는지 이해하고 잘 쓴 예시를 비슷하게 따라 쓰다 보면 자연스럽게 글쓰기 실력이 향상됩니다.

지금부터 어느 회사에서나 흔히 쓰이는 다섯 가지 비즈니스 문서 작성 포맷을 살펴보겠습니다. 실제 업무 현장에서 사용되었던 샘플을 가져와 직접 첨삭해 보며 포맷을 완성해 보고자 합니다. 바쁘신 분들은 수정이 완료된 포맷을 먼저 확인하셔도 좋습니다.

이번 챕터에서 살펴볼 다섯 가지 포맷은 다음과 같습니다.

① 쓰기만 해도 일이 진행되고 결과가 나오는 영업 회의 자료 작성 포맷
② 바꿀 수 없는 실적을 좋아 보이게 만드는 실적보고서(연차보고서) 작성 포맷

③ 아이디어를 샘솟게 하는 회의용 어젠다 및 회의록 작성 포맷
④ 원하는 내용으로 빠른 결재를 받기 위한 예산 승인 자료 작성 포맷
⑤ 전 직원을 한 방향으로 이끄는 사업계획 작성 포맷

다양한 업종에서 사용되는 범용성 높은 포맷들이니 업무에 적극적으로 활용해 보시기를 바랍니다.

1 [쓰기만 해도 일이 진행되고 결과가 나오는] 영업 회의 자료 작성 포맷

첫 번째는 바로 직장 생활에서 절대 빠질 수 없는 회의 자료 작성입니다. 제가 예시로 가져온 것은 어느 회사의 영업 담당자가 영업부 주간 회의에 실제로 제출했던 자료입니다. 참고로 그 담당자의 말에 따르면 간단한 사내 미팅의 경우 보통은 자료를 따로 준비하지 않고 구두로만 진행하는 편이라고 합니다. 하지만 구두 보고를 하더라도 포맷에 따라 내용을 정리한 자료를 손에 갖고 있다면 훨씬 더 논리적으로 전달할 수 있겠지요.

구두로 진행하는 일이 많더라도 전달받는 사람이 쉽게 이해할 수 있는 자료는 한 번 만들어 두면 필요할 때마다 몇 번이고 다시 활용할 수 있습니다. 또한 회의 전에 자료를

미리 공유하는 습관을 들이면 회의 시간이 줄어들 뿐만 아니라 업무적으로 좋은 평가를 받을 수도 있습니다. 그럼 지금부터 실제 업무 현장에서 사용된 영업부 주간 회의 자료의 수정 포인트를 살펴보도록 하겠습니다.

영업부 주간 회의 자료

1) 금주 실적
수주 금액: 1,200만 원
방문 건수: 30건

2) 참고사항 및 주요 고객 정보
◎◎체인에서 대규모 리모델링 공사를 결정하여 내년 4~5월에 전 점포 휴무 예정

3) 논의사항
B지점에서 요청한 제품의 재고가 창고에 남아 있지 않았습니다. 이후 본사의 T담당자로부터 같은 제품의 주문이 들어와 재고 부족으로 B지점에 납품하지 못했던 사실을 전달하였고, 그렇다면 본사 쪽으로 일괄 납품해 달라는 요청을 받아 그렇게 진행하였습니다. 그러자 B지점에서 컴플레인이 들어왔습니다.

4) 성과 사례
고객사에 제출했던 이벤트 개최 관련 기획안이 통과되어 A지점장이 관리하는 지역 내 5개 지점에서 동시 개최할 예정입니다.

숫자를 제시할 때는 비교 대상을 추가합니다

먼저 **1) 금주 실적**부터 살펴보겠습니다. 어떻게 수정하면 더 이해하기 쉬울까요?

정답은 바로 비교 대상을 추가하는 것입니다.

지금 기재되어 있는 내용만으로는 1,200만 원이라는 숫자가 좋은지 나쁜지, 예산 대비 얼마나 달성한 것인지 알 수가 없습니다.

상사는 분명 예산 달성까지 얼마나 남았는지 확인하기 위한 질문을 던지겠지요. 그러다 보면 회의 시간이 점차 길어지는 것입니다.

지난 한 주 동안의 실적에만 관심 있는 회사는 아마 이 세상에 없을 겁니다. 이때 필요한 것은 월 판매 예산이나 목표입니다. 이 내용을 함께 기재하면 1,200만 원이라는 숫자가 가진 의미가 자연스럽게 드러나게 됩니다.

옆 페이지처럼 정리해 두면 상사는 다음과 같은 사실을 읽어내겠지요. '월간 예산이 8,000만 원이고, 이번 3주 차에 1,200만 원이 추가되어 현재까지 6,000만 원, 즉 75%를 달성했군.'

1) 금주 실적
  수주 금액: 1,200만 원
  방문 건수: 30건

↓

1) ~~금주 실적~~
  ~~수주 금액: 1,200만 원~~
  ~~방문 건수: 30건~~
  ↓
1) 금주 실적
  수주 금액: 1,200만 원
  3주 차 누계 달성액: 6,000만 원
  (월간 목표 8,000만 원, 달성률 75%)
  방문 건수: 30건

그리고 이렇게 생각할 것입니다. '목표 달성을 위해서는 아직 2,000만 원이 부족하네. 이번 주 수치를 봐서는 달성이 쉽지 않겠군. 방문 건수를 늘리든 잠재고객을 대상으로 영업을 강화하든 뭔가 대책이 필요하겠어.'

한편 이 자료를 제출한 담당자는 이렇게 생각하고 있을지도 모릅니다. '이번 달은 아무래도 예산 달성이 힘들 것 같네. 일단 이번 주 회의는 방문 건수를 보고해서 나름대로 노력하고 있다는 사실을 어필하면 대충 넘어갈 수 있지 않을까?' 하지만 이 방법으로는 속내가 뻔히 들여다보여 오히려 역효과를 낼 수 있습니다. 그리고 적당히 넘어가려 한다는 이미지가 생겨버리면 다음 보고에서도 불리하게 작용하겠지요.

방문 건수를 기재할 때도 방문 내역이나 발주 의사 유무를 상세하게 기록해야 합니다. 사람은 궁지에 몰릴수록 '잘하면 이 건도 따낼 수 있지 않을까?'하고 막연한 기대를 하기 시작합니다. 개인적인 판단으로 업무를 지연시키지 않기 위해서라도, 또 상사의 불필요한 지적을 피하기 위해서라도 구체적으로 작성할 필요가 있습니다. 그러니 여기서는 앞서 2장에서 살펴본 비교 테크닉을 활용해 옆 페이지와 같이 바꿔보겠습니다.

이처럼 자세한 내용을 기재해두면 다음 주에는 발주 계획이 있는 열두 곳을 대상으로 영업을 시작하면 된다는 사실이 자연스럽게 드러납니다.

> 1) 금주 실적
>
> 수주 금액: ~~1,200만 원~~
> 방문 건수: ~~30건~~
>
> ↓
>
> 1) 금주 실적
>
> 수주 금액: 1,200만 원
> (금월 목표 8,000만 원 중 3주 차에 6,000만 원 달성 /
> 달성률 75%)
>
> 방문 건수: 30건
> (내역: 4건 수주 완료 / 12건 발주 계획 있음 /
> 14건 발주 계획 없음)

계약 체결 가능성을 예측하고 적중도를 높여 봅시다

다음으로 2)번 항목을 살펴보겠습니다.

우선 소제목으로 쓰인 '참고사항'이나 '주요 고객 정보' 같은 단어들은 너무 막연하게 느껴집니다. 보고 받는 사람의 입장에서 생각해보면 실적 다음으로 알고 싶은 내용은 이번 주 실적을 바탕으로 다음 주에 어떠한 행동을 취할 것인지입니다.

그러니 두 번째 항목으로 들어가야 할 것은 참고사항이나 주요 고객 정보가 아니라 '다음 주 영업 방침'입니다. 구체적으로는 발주 계획이 있는 열두 곳에 대한 세부 내용을 다음과 같이 보기 쉽게 정리하면 좋습니다.

2) 참고사항 및 주요 고객 정보
◎◎체인에서 대규모 리모델링 공사를 결정하여
내년 4~5월에 전 점포 휴무 예정

⬇

2) 참고사항 및 주요 고객 정보
~~◎◎체인에서 대규모 리모델링 공사를 결정하여~~
~~내년 4~5월에 전 점포 휴무 예정~~
↓

2) 차주 영업 방침
발주 계획이 있는 12건 위주로 계약 체결 가능성을
높이기 위한 전략을 수행

회사명	A사	B사	C사
현 상황	발주의사 있음	발주의사 있음	발주의사 있음
금액	400만 원	300만 원	250만 원
방문예정일	○월 ○일	○월 ○일	○월 ○일
계약체결 가능성	가능성 S (신청서 수령 완료)	가능성 A (구두 계약 체결 후 신청서 송부 완료)	가능성C (견적 제출 완료)

2장에서 소개한, 사실과 인상과 의견을 구분하는 테크닉을 의식하며 계약 체결 가능성을 기록해 두면 이후 실제 결과와 대조해볼 수 있습니다. 가능성 A였던 고객사와 예상대로 계약을 성사시킨 경우, 가능성 A였지만 계약 체결에 실패한 경우, 가능성 C였지만 예상외로 쉽게 계약을 체결한 경우 등 예측의 성패가 명확하게 드러납니다. 이 과정을 반복하다 보면 예상 적중률이 점차 높아질 것입니다. 또한 이 자료를 바탕으로 회의를 진행하는 도중에 계약 체결 가능성을 높일 수 있는 조언을 얻게 된다면 더욱 좋겠지요.

그리고 또 하나의 장점은 이 자료를 정리하다 보면 다음 주에 무엇을 해야 하는지가 명확해진다는 것입니다. 이 내용을 그대로 날짜별로 할당하여 해야 할 일 목록 To Do List 으로 활용하면 일정 정리도 끝입니다. 회의용 보고자료를 작성했을 뿐인데 두 가지 일을 한 번에 처리해버린 셈이지요.

회의 자료에는 미래의 논의사항만 적습니다

이어지는 세 번째 항목에서 주의할 점은 지난주 업무와 관련된 과거의 논의사항을 적는 것이 아니라 다음주 영업 방침을 바탕으로 어떻게 업무에 임할 것인지에 관한 미래의 논의사항을 적는 것입니다.

여기서는 발주 계획이 있는 것으로 보이는 12건을 어떻게 계약 체결로 이끌 것인가에 대한 논의가 이루어져야 합니다.

실적으로 이어질 만한 논의사항이라면 상대도 진지하게 답변해 줄 것입니다. 만약 A부장과 사이가 좋으니 직접 연락해 보겠다고 먼저 나서 준다면 더할 나위 없이 좋겠지요. 물론 이 정도까지는 아니더라도 혼자 생각하는 것보다 훨씬 좋은 아이디어와 조언을 많이 얻을 수 있습니다. 또한 상사가 직접 이것저것 조언해 준 만큼 예산 달성에 실패하더라도 책임의 일부를 함께 짊어져 줄 것입니다. 부하직원으로서는 제대로 보고하고 함께 고민했다는 핑곗거리가 생기는 것이나 다름없습니다.

그리고 기존의 3)번과 4)번 항목은 논의사항이나 성과 사례가 아니라 그저 보고사항일 뿐입니다. 각각 독립된 항목으로 나눠서 다룰 만큼 중요한 내용이 아니므로 124페이지처럼 마지막에 '공유사항' 정도로만 정리해도 충분합니다.

주간 회의는 지난 한 주 동안의 영업 활동 및 결과를 보고하고 예산 달성을 위한 전략을 논의하는 자리입니다.

아래와 같이 내용을 수정한다면 단순히 회의만을 위한 자료가 아니라 실제로 다음 주 업무를 더욱 효율적으로 수행하게끔 도와주는 자료가 됩니다.

또한 상사가 원하는 정보만을 정확하게 기재함으로써 회의 시간을 단축하는 것도 가능합니다. 물론 일을 잘한다는 평가를 받는 것도 당연하고요.

3) 논의사항

B지점에서 요청한 제품의 재고가 창고에 남아있지 않았습니다. 이후 본사의 T담당자로부터 같은 제품의 주문이 들어와 재고 부족으로 B지점에 납품하지 못했던 사실을 전달하였고, 그렇다면 본사 쪽으로 일괄 납품해 달라고 요청하여 그렇게 진행하였습니다. 그러자 B지점에서 컴플레인이 들어왔습니다.

↓

3) 차주 영업 방침 관련 논의사항

- G사의 경우 발주 의사도 있고 발주 예상 금액도 650만 원으로 비교적 큰 편이지만, 체결 가능성은 C입니다. 과장님께서 G사 담당자의 상사인 A부장님과 오래 알고 지내셨다고 들었습니다만, 혹시 조언해 주실 만한 내용이 있으실지요?
- I사는 현재 담당자가 상사의 결재를 기다리는 중으로 조금만 더 밀어붙이면 계약 체결이 가능할 것 같습니다. 다음 주 방문일에 과장님께서 함께 가주셨으면 하는데, 혹시 스케줄 조정 가능하실까요?

3) 논의사항

B지점에서 요청한 제품의 재고가 창고에 남아있지 않았습니다. 이후 본사의 T담당자로부터 같은 제품의 주문이 들어와 재고 부족으로 B지점에 납품하지 못했던 사실을 전달하였고, 그렇다면 본사 쪽으로 일괄 납품해 달라고 요청하여 그렇게 진행하였습니다. 그러자 B지점에서 컴플레인이 들어왔습니다.

4) 성과 사례

고객사에 제출했던 이벤트 개최 관련 기획안이 통과되어 A지점장이 관리하는 지역 내 5개 지점에서 동시 개최할 예정입니다.

↓

4) 공유사항

- B지점에서 받은 주문을 본사 T담당자의 요청으로 본사로 일괄 납품 조치하여 컴플레인이 들어왔습니다 (B지점에 사과드리고 해결 완료).
- A지점장이 관리하는 5개 점포에서 이벤트 동시 개최 요청이 있습니다.

영업부 주간 회의 포맷 [활용 예시]

1. 금주 실적
수주 금액: 1,200만 원 (금월 예산 8,000만 원 중 3주 차에 6,000만 원 달성, 달성률 75%)

방문 건수: 30건 (내역: 4건 수주, 12건 발주 계획 있음, 14건 발주 계획 없음)

2. 차주 영업 방침
발주 계획이 있는 12건 위주로 계약 체결 가능성을 높이기 위한 전략을 수행

회사명	A사	B사	C사
현 상황	발주의사 있음	발주의사 있음	발주의사 있음
금액	400만 원	300만 원	250만 원
방문예정일	○월 ○일	○월 ○일	○월 ○일
계약체결 가능성	가능성 S (신청서 수령 완료)	가능성 A (구두 계약 체결 후 신청서 송부 완료)	가능성 C (견적 제출 완료)

3. 차주 영업 방침 관련 논의사항
- G사의 경우 발주 의사도 있고 발주 예상 금액도 650만 원으로 비교적 큰 편이지만, 체결 가능성은 C입니다. 과장님께서 G사 담당자의 상사인 A부장님과 오래 알고 지내셨다고 들었습니다만, 혹시 조언해 주실 만한 내용이 있으실지요?

- I사는 현재 담당자가 상사의 결재를 기다리는 중으로 조금만 더 밀어붙이면 계약 체결이 가능할 것 같습니다. 다음 주 방문일에 과장님께서 함께 가주셨으면 하는데, 혹시 스케줄 조정 가능하실까요?

4. 공유사항
- B지점에서 받은 주문을 본사 T담당자의 요청으로 본사로 일괄 납품 조치하여 컴플레인이 들어왔습니다(B지점에 사과드리고 해결 완료).

- A지점장이 관리하는 5개 점포에서 이벤트 동시 개최 요청이 있습니다.

2 [바꿀 수 없는 실적을 좋아 보이게 만드는] 실적보고서 · 연차보고서 작성 포맷

두 번째로 살펴볼 비즈니스 문서는 바로 실적보고서입니다. 실제 사례로 가져온 다음의 예시들은 앞서 회의 자료를 제공해 준 회사의 다른 영업 담당자가 작성한 보고서입니다.

연간 목표를 달성한 패턴 A와 달성하지 못한 패턴 B를 각각 나누어 살펴보겠습니다.

실적보고서/연차보고서 패턴 A (달성)

1) 실적
매출액 1억 원

2) 추진 경과 및 평가
긍정적 시사점

- 영업 방문 횟수를 최대한 늘리고자 하루 7건의 방문을 자체 기준으로 삼음. 또한 발주가 끊기는 거래처가 발생하지 않도록 소규모 점포를 집중적으로 관리함으로써 큰 건을 따내지 못했음에도 꾸준히 매출 건수를 쌓을 수 있었음. 그 결과 티끌 모아 태산이 된다는 말을 실감하게 됨.

- 마케팅부의 협조로 광고 집행이 중단되는 일 없이 순조롭게 진행되어 안정된 매출로 연결되었음.

3) 기타 특기사항
마감 기한을 한 번도 놓치지 않고 모든 업무를 수행하겠다는 개인적인 목표를 달성할 수 있었음. 앞으로도 영업 지원 스태프와의 원활한 소통과 협업을 위해 마감 기한에 주의하며 성실히 업무에 임하고자 함.

실적보고서/연차보고서 패턴 B (미달성)

1) 실적
매출액 7천만 원

2) 추진 경과 및 평가
- 소규모 이벤트를 진행하였으나 뚜렷한 성과가 나오지 않아 이벤트 개최 점포를 늘리지 못하였음. 상품을 선정하고 영업하는 데 있어서의 개인적인 능력이 부족했던 탓으로 보임. 또한 코로나19 사태의 여파로 거래처 발주 수량도 제한되어 점유율을 높이기에는 역부족이었음.

3) 기타 특기사항
올해는 업무적으로 충분히 기여하지 못한 것 같아 아쉬울 따름임. 내년에는 반드시 달성할 수 있도록 적극적으로 판촉 아이디어를 내고자 함.

그럼 바로 점검해 보겠습니다.

아마 여러분이라면 1)번 항목을 보자마자 눈치채셨을 겁니다. 맞습니다, 비교 대상이 될 만한 숫자가 빠져 있습니다. 여기서는 아무래도 연간 목표 매출액이 얼마였는지가 궁금하겠지요.

긍정적인 평가를 받을 수 있는 숫자 기재 방법

만약 목표액이 2,000만 원이었는데 매출액이 1억 원이라면 이것은 아주 대단한 성과입니다. 반면에 목표가 9,900만 원이었는데 매출액이 1억 원이라면 아슬아슬하게 겨우 달성한 셈입니다. 받게 되는 인상이 제법 달라지지요.

저와 여러분이 신경 쓰일 정도이니 이 보고서를 받아보는 상사도 당연히 목표 매출액이 얼마였는지 물어볼 것입니다. 비즈니스 문서를 작성할 때 주의해야 할 점은 문서를 읽는 사람이 알고 싶어 하거나 의문을 가질 만한 내용을 먼저 파악하여 채워두는 것입니다. 참고로 예시를 제공해 준 담당자에게 확인한 결과, 연간 매출 목표액은 8천만 원이었다고 합니다. 그렇다면 실적은 다음과 같이 정리하는 것이 효과적입니다.

패턴 A (1)실적
목표 매출액: 8천만 원
매출 실적: 1억 원
달성률: 125%

또한 작년 매출 실적이 7천만 원이었다고 한다면 이런 내용도 추가해 볼 수 있겠지요.

전년도 매출 실적: 7천만 원
전년 대비 143% 달성

어떻게 보이시나요? 같은 숫자라도 인상이 크게 달라지지 않았나요? 매출액이 상당히 많이 늘어난 것처럼 보일 뿐만 아니라 굳이 따로 설명을 덧붙이지 않아도 실적 어필이 가능합니다. 목표 매출액을 달성했다는 내용의 보고서이므로 이 정도 연출은 해주는 것이 좋습니다.

반대로 연간 목표액을 달성하지 못한 패턴 B의 경우에도 숫자를 명확하게 기재하는 것이 좋습니다. 만약 작년보다 매출액이 늘어났다는 점을 어필할 수 있다면 체면치레는 가능하겠지요.

예를 들어 부서 내에서 실적을 비교하거나, 아니면 담당 지역의 전년도 매출과 비교해 볼 수 있습니다. 아니면 영업 시도 건수 대비 계약 체결률을 추가하는 것도 방법입니다.

패턴 A

1) 실적

　매출액 1억 원
　↓

1) 실적

　목표 매출액: 8천만 원
　매출 실적: 1억 원 (125% 달성)
　전년도 매출 실적: 7천만 원 (전년 대비 143% 달성)

패턴 B

1) 실적

　매출액 7천만 원
　↓

1) 실적

　목표 매출액: 8천만 원
　매출 실적: 7천만 원 (87.5% 달성)
　전년도 매출 실적: 7천만 원 (전년 대비 143% 달성)
　전년도 동일 지역 매출 실적: 7천만 원 (전년 동일 지역 대비 100% 달성)

이처럼 어떤 숫자와 비교하는지가 문서의 전반적인 인상을 좌우합니다. 또한 이 숫자들이 이어지는 항목에 나올 내용의 설득력을 높여줄 것입니다.

이어서 두 번째 항목인 추진 경과 및 평가를 살펴보겠습니다. 기존의 내용은 보고서라기보다는 감상문에 가까운 완성도로 다소 산만한 인상을 줍니다. 이것을 목표 달성을 위해 세웠던 계획과 실제로 수행한 결과의 조합으로 다시 정리해보겠습니다.

이때는 앞서 소개한 테크닉을 활용해 하나의 글에 하나의 메시지만 담도록 주의합니다. 구체적으로는 다음의 세 가지로 나누어 작성하면 더욱 좋습니다.

- 세부 실행 방안
- 업무 추진 결과
- 향후 과제

패턴 A

2) 추진 경과 및 평가

-긍정적 시사점
- 영업 방문 횟수를 최대한 늘리고자 하루 7건의 방문을 자체 기준으로 삼음. 또한 발주가 끊기는 거래처가 발생하지 않도록 소규모 점포를 집중적으로 관리함으로써 큰 건을 따내지 못했음에도 꾸준히 매출 건수를 쌓을 수 있었음. 그 결과 티끌 모아 태산이 된다는 말을 실감하게 됨.
- 마케팅부의 협조로 광고 집행이 중단되는 일 없이 순조롭게 진행되어 안정된 매출로 연결되었음.

↓

2) 추진 경과 및 평가

- 목표액 달성을 위해 영업 방문 횟수를 최대한 늘리는 전략을 채택 / **실행 방안** 경쟁사와의 점유율 다툼이 치열한 지역에서는 무엇보다 고객과의 마인드 셰어가 중요하다고 판단. 전반적인 방문 빈도를 높이기 위해 하루 7건의 방문을 자체 기준으로 삼음.

  추진 결과 → 기존 거래처 발주 물량이 10% 증가. 목표 매출액 8천만 원 대비 매출 실적 1억 원으로 달성률 125%를 기록.

- 매출 향상을 위해 발주가 끊기는 거래처 수를 줄이는 전략을 시도 / **실행 방안** → 담당 거래처의 규모와 관계없이 니즈를 면밀하게 관찰하고, 월 50만 원 정도의 적은 주문량에도 유연하게 대응.

  추진 결과 → 발주가 없는 거래처가 10%에서 3%까지 감소. 전년도 매출 실적 7천만 원 대비 143% 증가한 1억 원 매출을 달성.

패턴 B

2) 추진 경과 및 평가

- 소규모 이벤트를 진행하였으나 뚜렷한 성과가 나오지 않아 이벤트 개최 점포를 늘리지 못하였음. 상품을 선정하고 영업하는 데 있어서의 개인적인 능력이 부족했던 탓으로 보임. 또한 코로나19 사태의 여파로 거래처 발주 수량도 제한되어 점유율을 높이기에는 역부족이었음.

↓

2) 추진 경과 및 평가

- 목표 매출액 달성을 위해 담당 거래처의 니즈를 파악하여 발주 건수를 늘리는 전략을 채택

  실행 방안 → 거래처 니즈를 면밀하게 관찰하여 민첩하게 대응한 결과, 소규모 이벤트를 진행. 발주 건수 증가로 이어짐.

  추진 결과 → 이벤트에서 뚜렷한 성과를 내지 못해 개최 점포 추가 확보에 실패. [매출=고객 수×단가×발주 건수]에서 발주 건수는 다소 증가하였으나 고객 수와 단가에는 변동이 없어 목표에 미달.

추진 방안과 결과를 정리했으니 이번에는 향후 과제를 추가해 보겠습니다.

앞서 작성한 내용을 바탕으로 개선방안을 도출하여 내년도 업무 추진에 어떻게 반영할 것인지 세부 계획을 제시할 수 있다면 더욱더 건설적이고 완벽한 보고서에 가까워집

니다. 특히 향후 과제를 추가함으로써 상사에게 좋은 평가를 받을 수도 있습니다.

실적 보고를 위한 문서이기는 하지만 단순히 실적만 나열한 것이 아니라 부족한 부분을 분석하고 개선방안까지 제시되어 있다면 상사의 입장에서는 '경영자 마인드를 갖추었네', '열심히만 하는 게 아니라 구체적인 개선책까지 고민하는군' 같은 인상을 받게 될 테니 말입니다.

참고로 두 가지 패턴 모두 기존에 특기사항으로 작성된 부분은 삭제하겠습니다. 해당 내용은 마케팅부 담당자나 영업 지원 스태프에게 직접 전달하는 편이 더 좋을 듯합니다.

특히 패턴 B의 특기사항으로 들어가 있던 내용은 최선을 다해 열심히 하겠다는 의지는 전해지지만, 상황에 따라서는 '이렇게 모호한 글이나 쓰고 있으니 영업 실적이 나쁘지. 구체적인 목표는 없나? 혹시 아무 생각도 없이 일하는 거 아니야?'라는 생각이 들게 할 우려가 있으니 주의가 필요합니다.

보고서를 비롯한 각종 비즈니스 문서를 작성할 때 '열심히 한 느낌'이나 '좋은 사람인 듯한 느낌'을 은근슬쩍 어필하는 것은 좋은 습관이 아닙니다.

비즈니스 글쓰기에서는 앞서 소개한 테크닉 중에서 8번 [객관적인 수치 제시]나 9번 [비교의 기술]을 적극적으로 활용하는 편이 훨씬 더 효과가 좋습니다.

개인적인 생각이나 성과에 대한 어필을 전면에 드러내기보다는 사실과 숫자를 바탕으로 도출된 결론을 위주로 문서를 작성하도록 합시다.

패턴 A

3) 향후 과제
- 담당 지역 내 10개 지점이 경쟁 업체와 계약을 체결.
→ 올해 전략이 유효했으므로 점유율 다툼이 치열한 지점을 중점적으로 방문할 것.
  세세한 니즈까지 파악하여 매출 향상을 노려볼 예정.

- 대형 점포를 대상으로 한 상품 목록 강화 필요성 제기.
→ 거래처 의견을 수렴한 뒤 마케팅부와의 협업을 통해 대형 점포 대상 상품 개발을 진행할 예정.

패턴 B

3) 향후 과제
- 발주 건수에만 집중하여 고객 수 증가와 판매 단가 상승을 위한 구체적인 방안을 고민하지 않음. 그 결과 목표 매출액 달성에 실패하였음.
→ 고객 수를 늘리기 위해 영업 방문 횟수를 늘릴 것.
  단가를 높이기 위해 수요 재검토 및 상품선정에 주력할 것.
  고객 수, 단가, 발주 건수의 변화를 매주 분석하여 영업 전략을 수정 및 개선해 나갈 예정.

실적보고서/연차보고서 작성 포맷 [활용 예시]

패턴 A (달성했을 때)

1. 실적
목표 매출액: 8천만 원 / 매출 실적: 1억 원 (125% 달성)
전년도 매출 실적: 7천만 원 (전년 대비 143% 달성)

2. 추진 경과 및 평가

- 목표액 달성을 위해 영업 방문 횟수를 최대한 늘리는 전략을 채택

  실행 방안 → 경쟁사와의 점유율 다툼이 치열한 지역에서는 무엇보다 고객과의 마인드 셰어가 중요하다고 판단. 전반적인 방문 빈도를 높이기 위해 하루 7건의 방문을 자체 기준으로 삼음.

  추진 결과 → 기존 거래처 발주 물량이 10% 증가. 목표 매출액 8천만 원 대비 매출 실적 1억 원으로 달성률 125%를 기록.

- 매출 향상을 위해 발주가 끊기는 거래처 수를 줄이는 전략을 시도

  실행 방안 → 담당 거래처의 규모와 관계없이 니즈를 면밀하게 관찰하고, 월 50만 원 정도의 적은 주문량에도 유연하게 대응.

  추진 결과 → 발주가 없는 거래처가 10%에서 3%까지 감소. 전년도 매출 실적 7천만 원 대비 143% 증가한 1억 원 매출을 달성.

3. 향후 과제

- 담당 지역 내 10개 지점이 경쟁 업체와 계약을 체결.
- → 올해 전략이 유효했으므로 점유율 다툼이 치열한 지점을 중점적으로 방문할 것.
  세세한 니즈까지 파악하여 매출 향상을 노려볼 예정.

- 대형 점포를 대상으로 한 상품 목록 강화 필요성 제기.
- → 거래처 의견을 수렴한 뒤 마케팅부와의 협업을 통해 대형 점포 대상 상품 개발을 진행할 예정.

실적보고서/연차보고서 작성 포맷 [활용 예시]

패턴 B (달성하지 못했을 때)

1. 실적

목표 매출액: 8천만 원
매출 실적: 7천만 원 (87.5% 달성)
전년도 매출 실적: 7천만 원 (전년 대비 143% 달성)
전년도 동일 지역 매출 실적: 7천만 원
(전년 동일 지역 대비 100% 달성)

2. 추진 경과 및 평가

- 목표 매출액 달성을 위해 담당 거래처의 니즈를 파악하여 발주 건수를 늘리는 전략을 채택

  실행 방안 → 거래처 니즈를 면밀하게 관찰하여 민첩하게 대응한 결과, 소규모 이벤트를 진행. 발주 건수 증가로 이어짐.

  추진 결과 → 이벤트에서 뚜렷한 성과를 내지 못해 개최 점포 추가 확보에 실패. [매출=고객 수×단가×발주 건수]에서 발주 건수는 다소 증가하였으나 고객 수와 단가에는 변동이 없어 목표에 미달.

3. 향후 과제

- 발주 건수에만 집중하여 고객 수 증가와 판매 단가 상승을 위한 구체적인 방안을 고민하지 않음. 그 결과 목표 매출액 달성에 실패하였음.

→ 고객 수를 늘리기 위해 영업 방문 횟수를 늘릴 것.
  단가를 높이기 위해 수요 재검토 및 상품선정에 주력할 것.
  고객 수, 단가, 발주 건수의 변화를 매주 분석하여 영업 전략을 수정 및 개선해 나갈 예정.

실적보고서/연차보고서 작성 포맷 [템플릿]

1. 실적
   목표 매출액: 매출 실적: 달성률: %
   전년도 매출 실적: 전년 대비: %
   전년도 동일 지역 매출 실적:
   전년 동일 지역 대비: %

2. 추진 경과 및 평가
   - 목적
   - 실행 방안
   - 추진 결과

3. 향후 과제
   - 과제
   → 세부 실행 계획

3 [아이디어를 샘솟게 하는]
회의용 어젠다 및 회의록 작성 포맷

세 번째로 살펴볼 비즈니스 문서는 회의용 어젠다입니다. 샘플은 주택 관련 사업을 하는 한 회사의 영업부에서 빌러 왔습니다.

회의의 목적은 판촉 이벤트의 모객 아이디어를 내는 것입니다.

어젠다는 회의에 참석한 모든 인원이 동일한 하나의 목표에 초점을 두고 아이디어를 내거나 논의를 주고받기 위한 토대의 역할을 합니다.

하지만 안타깝게도 이 예시는 논의가 활발하게 진행될 수 없게끔 작성되어 있습니다.

어째서 이 자료로는 회의 진행이 어려운 걸까요? 한번 살펴보겠습니다.

옆 페이지의 샘플에는 추진 일정, 예산, 담당자 등 결정이 필요한 항목들이 나열되어 있습니다. 그래서 언뜻 보기에는 이대로 회의를 진행하면 될 것 같지만, 가장 큰 문제점은 이 회의의 목적이 무엇이고, 어떤 내용을 고민해야 하

잘못된 예

판촉 이벤트 모객을 위한 아이디어 회의

11월 30일로 예정된 판촉 이벤트 관련
- 장소:　—여의도 주택전시관 (비용 100만 원)
　　　　—잠실 주택전시관 (비용 70만 원)
- 운영: 영업부 전원 (총 10명)
- 추진 일정
- 예산
- 담당자
- 다음 회의 일정

는 자리인지가 쓰여 있지 않다는 것입니다.

모객 아이디어를 내기 위한 회의인데, '모객이 필요한 이유가 무엇인지'나 '모객 성공의 기준이 무엇인지' 같은 최종 목표가 전혀 보이지 않습니다.

예를 들어 실제로 조만간 집을 살 계획이 있는 관람객을 모을 것인지, 아니면 행사장 주변에 있던 가족 단위 관람객을 모을 것인지에 따라 회의에서 다루게 될 내용은 전혀 달라지겠지요. 이처럼 목적과 목표가 제대로 공유되지 않은 상태로 회의를 시작하면 논점에서 이탈하게 될 우려가 있습니다.

샘플용 자료를 그대로 사용했을 때 회의가 어떻게 진행될지 한번 상상해볼까요?

"이거 여의도랑 잠실에서 동시에 하는 겁니까?"
"토요일인데 겨우 10명으로 운영이 될까요?"
"여기 적힌 비용은 대관하는 데만 이 금액인가요?"

이처럼 전제 조건을 파악하기 위한 질문을 하느라 정작 중요한 아이디어를 낼 시간이 부족해집니다. 그러다 결국 바쁜 와중에 또다시 회의를 잡고 사람들을 모으는 모습이 눈에 선하네요.

이런 비효율적인 전개를 피하기 위해서는 무엇이 필요한지 살펴보겠습니다.

논의에 필요한 자료에는 목적과 전제 조건을 쓰는 것이 키포인트

먼저 회의 자료에서 가장 처음에 나와야 하는 것은 '오늘 회의의 목적'입니다. 이것은 모든 유형의 회의에 공통되는 대원칙입니다.

먼저 회의의 목적을 제시하고, 그 아래에 논의에 필요한 전제 조건들을 매다는 형식으로 작성합니다.

저는 슬래시(/)를 사용하고 있지만, 숫자든 화살표든 상하위 단계만 확실히 구분된다면 무엇이든 상관없습니다. 목적이라는 대항목 아래에 전제 조건들이 중항목, 소항목으로 매달린 형태를 떠올리며 작성하면 쉽습니다.

참고로 탭Tab 키를 사용하면 스페이스 바를 여러 번 누르는 것보다 훨씬 깔끔하게 정리할 수 있습니다.

> **오늘 회의의 목적**
>
> - 판촉 이벤트의 개최 목적 및 실행 목표를 결정
>   / 모객 아이디어를 제시하고 운영 프로그램 구성안 작성
>   // 개최 목적은 주택전시관을 찾는 방문객 수의 증가
>   // 주요 타깃은 주택전시관 주변을 지나는 가족 단위 행인
>   /// 모객 목표치는 가족 단위 10팀
>
> - 개최 일시: 20XX.11.30.(토)
> - 개최 장소: 여의도 주택전시관, 잠실 주택전시관
> - 예산: 대관료 170만 원 (여의도 100만 원, 잠실 70만 원)

아이디어 회의에서는 목표를 늘리지 않는 것이 좋습니다

이때 주의해야 할 점은 목적의 범위를 넓히지 않는 것입니다.

이왕이면 두 마리 토끼를 잡고 싶은 것이 사람 마음입니다. 예를 들면 '주택전시관을 찾는 사람이 늘어나면 신규 계약도 더 많이 따낼 수 있지 않을까?'라는 기대감에 두 가지를 한 번에 논의하려고 하는 식이지요.

하지만 이렇게 되면 회의는 십중팔구 산으로 가고 맙니다. 기본적으로 하나의 회의에서는 하나의 목적에만 집중하여 효율적으로 논의를 진행할 수 있도록 유의합시다.

샘플로 가져온 회의로 말하자면 최종 목표는 주택전시관의 호감도를 높이는 것도, 내 집 마련의 필요성을 어필하는 것도, 신규 계약 건수를 늘리는 것도 아닙니다. 물론 부차적 목표로는 삼을 수 있겠지요. 하지만 이 이벤트의 목표는 총 10팀의 가족 단위 관람객을 추가 유치하는 것입니다. 따라서 이번 회의에서는 오로지 모객을 위한 아이디어만 내고, 어떤 프로그램을 운영하는 것이 유효할지 논의하는 것 외에는 아무것도 신경 쓰지 않는 편이 좋습니다.

또한 최종 목표 달성에 집중하여 조금 더 구체적으로 논의를 이어갈 수 있도록 사전에 고민한 제안 사항을 자료로 첨부하는 것도 좋은 방법입니다. 여기서는 가족 단위 관람객이 방문할 만한 이벤트의 전반적인 이미지를 제시하면 좋겠네요. 이벤트 당일의 행사장 주변 상황을 한번 떠올려 보겠습니다.

- 주택전시관 근처에 있는 쇼핑몰을 방문한 가족 단위 행인
- 당장은 집을 사는 데 큰 관심이 없는 사람들

이 경우에는 어린아이들의 관심과 흥미를 끄는 것이 효과적이겠지요.

- 아이들이 먼저 가보고 싶다고 말하는 이벤트를 만들 것
- 아이들을 데려와도 보호자가 편안하고 쾌적하게 시간을 보낼 수 있다는 점이 부모에게 전달될 것

전자라면 풍선 아트나 캐릭터 쇼, 간식 코너, 게임 대회 등을 생각해 볼 수 있습니다. 후자로는 유아 전용 화장실이나 수유실, 기저귀 교환실, 임시 보육 시설 등을 마련하고, 아이들이 마음껏 뛰어다닐 수 있는 공간이 있다는 점을 어필해 보면 좋겠지요.

이미지 제안
- 행사장 주변 공원과 쇼핑몰을 찾은 어린이 동반 가족 단위의 방문을 유도
- 주택전시관에 오는 것이 목적이 아닌 사람들의 관심을 유도

달성 조건
- 가족에게 시간적 여유가 있을 것
- 뚜렷한 목적 없이 근처를 돌아다니고 있을 것

이벤트 내용 및 방침

아이들을 데려가도 괜찮겠다고 판단되는 조건
- 아이들을 위한 즐길 거리가 다양하게 준비되어 있음
- 마음껏 뛰어놀아도 안전함
- 유아 전용 화장실, 수유실, 기저귀 교환실 등이 마련되어 있음

아이들이 가보고 싶어 할 만한 조건
- 장난감, 과자
- 캐릭터 쇼
- 풍선 아트
- 게임 (캐릭터 스티커를 받을 수 있음)

이처럼 구체적인 제안이 덧붙여져 있으면 현실적인 아이디어를 떠올리기 쉬워지므로 최종 목표에 한결 빠르게 도달할 수 있습니다.

그럼 회의에 들어가기에 앞서 공유하게 될 어젠다의 최종 형태를 살펴보겠습니다.

아이디어를 내기 위한 회의 - 어젠다 [완성 예시]

오늘 회의의 목적

판촉 이벤트의 개최 목적 및 실행 목표를 결정
/ 모객 아이디어를 제시하고 운영 프로그램 구성안 작성
// 개최 목적은 평소 주택전시관을 찾는 방문객 수의 증가
// 주요 타깃은 주택전시관 주변을 지나는 가족 단위 행인
/// 모객 목표치는 가족 단위 10팀

- 개최 일시: 20XX.11.30.(토)
- 개최 장소: 여의도 주택전시관, 잠실 주택전시관
- 예산: 대관료 170만 원 (여의도 100만 원, 잠실 70만 원)

이미지 제안

- 행사장 주변 공원과 쇼핑몰을 찾은 어린이 동반 가족 단위의 방문을 유도
- 주택전시관에 오는 것이 목적이 아닌 사람들의 관심을 유도

달성 조건

- 가족에게 시간적 여유가 있을 것
- 뚜렷한 목적 없이 근처를 돌아다니고 있을 것

이벤트 내용 및 방침

아이들을 데려가도 괜찮겠다고 판단되는 조건
- 아이들을 위한 즐길 거리가 다양하게 준비되어 있음
- 마음껏 뛰어놀아도 안전함
- 유아 전용 화장실, 수유실, 기저귀 교환실 등이 마련됨.

아이들이 가보고 싶어 할 만한 조건
- 장난감, 과자
- 캐릭터 쇼
- 풍선 아트
- 게임 (캐릭터 스티커를 받을 수 있음)

추진 일정
예산
담당자 결정
다음 회의 일정

추가 논의는 아이디어 취합을 마친 이후에 시작합니다

이렇게 작성된 어젠다를 바탕으로 회의를 시작하면 '게임 대회를 개최하고, 상품으로는 풍선 아트를 제공한다', '모델하우스 바로 앞에 유아휴게실을 설치한다', '어린아이를 동반한 30대 부부를 주요 타깃으로 삼는다', '전시장 앞 공터와 쇼핑몰 입구에서 행사 전단지를 나눠준다' 등 구체적인 아이디어가 나오게 됩니다.

그렇게 아이디어 취합을 모두 끝낸 다음, 자료에 있던 다른 항목으로 넘어갑니다.

- 추진 일정
- 예산
- 담당자
- 다음 회의 일정

회의의 목적이자 주요 안건인 '모객 아이디어 내기'와 '운영 프로그램 정하기'가 마무리되어야 그다음 안건인 누가 무엇을 담당하고 어떤 순서로 행사를 준비할지에 관한 논의를 시작할 수 있습니다.

이때 각 부문의 담당자를 정하고 회의록에 이름을 기재해 두는 것이 중요합니다. 물론 이벤트 전체를 총괄할 책임자도 정해야겠지요. 앞으로 세세한 부분에서 의견이 갈릴 때마다 누가 최종 결정을 내릴 것인지 미리 정해 두면 다음 회의나 행사 준비를 더욱 순조롭게 진행할 수 있습니다.

회의가 끝났다면 회의록은 다음과 같이 정리합니다. 회의의 목적과 논의의 흐름이 빠짐없이 기록되어 있으면 "이 아이디어는 가족 단위 관람객을 유치하는 데에는 크게 도움이 되지 않으니 이번에는 제외합시다" 같은 결단을 내리기 쉬워집니다. 또한 담당자 이름이 기재되어 있으니 이후 준비 과정에서 '이건 누구한테 물어보지?'하고 고민할 일도 없겠지요.

아이디어를 내기 위한 회의 [회의록 예시]

오늘 회의의 목적

판촉 이벤트의 개최 목적 및 실행 목표를 결정
/ 모객 아이디어를 제시하고 운영 프로그램 구성안 작성
// 개최 목적은 평소 주택전시관을 찾는 방문객 수의 증가
// 주요 타깃은 주택전시관 주변을 지나는 가족 단위 행인
/// 모객 목표치는 가족 단위 10팀
- 개최 일시: 20XX.11.30.(토)
- 개최 장소: 여의도 주택전시관, 잠실 주택전시관
- 예산: 대관료 170만 원 (여의도 100만 원, 잠실 70만 원)

제안 이미지
- 행사장 주변 공원과 쇼핑몰을 찾은 어린이 동반 가족 단위의 방문을 유도
- 주택전시관에 오는 것이 목적이 아닌 사람들의 관심을 유도

달성 조건
- 가족에게 시간적 여유가 있을 것
- 뚜렷한 목적 없이 근처를 돌아다니고 있을 것

이벤트 내용 및 방침
아이들을 데려가도 괜찮겠다고 판단되는 조건
- 아이들을 위한 즐길 거리가 다양하게 준비되어 있음
- 마음껏 뛰어놀아도 안전함
- 유아 전용 화장실, 수유실, 기저귀 교환실 등이 마련됨.

아이들이 가보고 싶어 할 만한 조건
- 장난감, 과자
- 캐릭터 쇼
- 풍선 아트
- 게임 (캐릭터 스티커를 받을 수 있음)

담당자 및 할 일 목록
- 운영 프로그램 정하기 (이○○ 대리)
- 이벤트 공지 준비하기 (박○○ 주임)
- 예산 정리하기 (김○○ 대리)
- 세부 스케줄 확정하기 (오○○ 과장)

기타 특기사항
책임자 (강○○ 부장)

4 [원하는 내용으로 빠른 결재를 받기 위한]
예산 승인 자료 작성 포맷

네 번째 비즈니스 문서는 승인을 받기 위한 포맷입니다. 여기서는 조금 전 살펴본 주택전시관 이벤트의 예산 승인 요청 자료를 바탕으로 쓸데없는 질문으로 시간을 낭비하지 않고 원하는 내용 그대로 빠른 승인을 받기 위한 최적의 포맷을 만들어 보겠습니다.

옆 페이지에 제시된 샘플의 가장 큰 문제점은 상사가 승인을 위해 추가로 확인해야 하는 부분이 너무 많아 승인이 지연된다는 점입니다. 따라서 상사가 검토하는 데 필요한 정보를 순서대로 나열한 다음 승인을 얻고자 하는 내용을 적는 식으로 수정해야 합니다.

잘못된 예

예산 승인을 위한 자료
연말 판촉 이벤트 예산 승인 관련

【안건】
- 작년 판촉 이벤트에 대한 반응이 좋았고, 실제 매출로도 연결되었습니다. 이에 올해도 동일하게 진행하고자 하오니 예산 승인을 부탁드립니다.

【목적 및 내용】
일시: 11월 20일(일)
장소: 여의도 주택전시관
운영: 영업1팀 (총 10명)

내용: 간식 나눠주기
　　　인형탈 이벤트
　　　주택 내부 체험

쓸데없는 질문을 받지 않도록 필요 없는 내용은 빼고 뒷받침 정보를 넣습니다

승인을 얻기 위한 회의 자료의 핵심은 앞서 살펴보았던 **3. 회의용 어젠다**와 크게 다르지 않습니다. 우선 회의의 목적과 이벤트의 개요 및 목표를 명확히 밝히도록 합시다.

또한 여기서는 예산 승인이 목적이기 때문에 이벤트 개최의 기대 효과를 추가하면 설득력을 높일 수 있습니다. 상사의 입장에서는 다른 이벤트와 비교했을 때 연말 이벤트의 참여자 수가 훨씬 많았다는 것을 한눈에 확인할 수 있다면 승인하기 훨씬 쉬워지겠지요. 만약 다른 판촉 수단에 비해 적은 비용으로 비슷하거나 그 이상의 효과를 냈다는 사실을 보여준다면 연말뿐만 아니라 봄방학이나 여름방학 시즌에도 같은 이벤트를 개최할 수 있도록 예산 범위를 넓히는 것까지 검토하게 될지도 모릅니다. 즉 좋은 결과가 나왔다면 사실 그대로를 전달하면 됩니다. 다음과 같이 말이죠.

예산 승인을 위한 회의 자료 [완성 예시]

회의의 목적
판촉 이벤트 예산 승인

이벤트 개요

목적/
주택전시관 방문자 수 증가

목표/
가족 단위 관람객 10팀 추가 유치

내용
예산: 100만 원
일시: 11월 20일(일)
장소: 여의도 주택전시관

기대효과
- 전년도 관람객 10팀 중 계약 체결 2건. 재작년 대비 관람객 수와 계약 체결 건수 모두 2배로 증가.

- 광고 전단을 활용하는 경우 한 팀 방문을 위해 100만 원이 투입되는 반면, 판촉 이벤트는 한 팀 방문에 약 10만 원이 소요. (포인트: 다른 판촉 수단과의 비용 비교)

- 연말 이벤트의 경우 개최 노하우가 쌓여 다른 판촉 이벤트와 비교해 비용 절감 가능.

5 [전 직원을 한 방향으로 이끄는] 사업계획 작성 포맷

마지막 다섯 번째 비즈니스 문서는 연간 사업계획입니다. 작성할 일이 많지는 않아도 한번 맡게 되면 품이 많이 들기 때문에 포맷이 있으면 편리합니다.

사업계획을 작성하는 이유는 전 구성원이 같은 인식을 공유하도록 하기 위함입니다. 목표가 무엇이며 달성을 위해 어떻게 행동해야 하는지가 구체적으로 명시되어 있다면 합격입니다.

이번에는 한 제조 기업에서 경영 방침을 공유하기 위해 발표한 문서를 샘플로 가져와 보았습니다.

잘못된 예

연간 사업계획
제50기 경영 방침

핵심 가치

사회가 필요로 하는 제품 그리고 기업을 목표로 전 구성원이 성심성의껏 일한다.

행동 지침

1. 고객 가치 창조

고객과의 신뢰 관계를 형성하여 니즈를 파악하고 제안한다.

2. 조직력 향상

개인의 능력을 개발하고 조직의 성장에 이바지한다.

3. 기술력 향상

신기술을 신속히 습득하고 기존 기술의 보완에 힘쓴다.

4. 시간 관리 개선

업무를 기록 및 분석하여 노동 시간 단축 및 비용 절감으로 연결한다.

5. ABC 운동의 지속

정리(Arrangement), 신뢰(Believing), 청결(Cleanliness)

이 예시의 문제점은 읽은 후 무엇을 해야 하는지 알 수 없다는 것입니다.

기업이 경영 방침을 새로 정하고 구성원들에게 공유하는 데에는 분명한 목적이 있을 테지요. 하지만 만약 제가 이 회사의 직원이었다면 '그냥 열심히 하라는 말인가?' 하고 고개를 갸웃거리다 사흘 정도 지나면 경영 방침을 전달받았다는 것조차 잊어버렸을 겁니다.

방침을 전달할 때는 현재 상황부터 적는 것이 좋습니다

왜 이런 문제가 발생하는 것일까요? 이유는 간단합니다. 사업계획 포맷의 필수 항목인 '현재 상황'이 빠져 있기 때문입니다. 만약 제가 경영자로서 연간 사업계획 혹은 경영 방침을 발표한다면 이런 식으로 쓰겠지요.

방침 전달 포맷

1. 현 상황

2. 연간 목표 (과제)

3. 수행 전략

4. 전략 달성을 위한 행동 지침

5. 세부 실행 계획

사업계획 작성 포맷 [완성 예시]

제○기 경영 방침

현 상황
매출, 순이익 등 관련 수치 자료

연간 목표 (과제)
디지털 트랜스포메이션 추진

수행 전략
종이책 매출 유지
전자책 매출 향상
경제경영서 비율 50%까지 확대

전략 달성을 위한 행동 지침
경제경영서 출간 종수 20% 확대
증쇄 건수 10% 증진
종이책 없는 전자책 제작 건수 증진

세부 실행 계획
팀별 경제경영 분야 스터디 진행
디지털 전환이 가능한 업무를 찾아 연장근로 10% 감소
전자책 출간 저자 신규 발굴

현재 상황을 먼저 공유한 다음 연간 목표와 전략을 제시하면 구체적인 행동 지침과 실행 계획의 당위성을 확보할 수 있습니다.

157페이지의 잘못된 예의 경우 '고객 가치 창조', '조직력 향상', '기술력 향상', '시간 관리 개선' 등 사용된 단어가 모호하고 구체성이 떨어집니다. 만약 효율적으로 시간을 관리하는 것이 목표인 경우라면 '디지털 전환을 시도하여 연장근로 횟수를 지금보다 10% 줄여보자'라고 구체적인 방법과 목표를 제시하는 것이 좋습니다.

사업계획의 역할은 전 구성원에게 메시지를 전달하는 것입니다. 따라서 현 상황의 보고, 목표 설정, 세부 전략 및 행동 지침의 제시가 하나의 흐름으로 연결되어 있어야 합니다. 그래야만 전체적인 흐름 속에서 각 구성원이 무엇을 해야 하는지 쉽게 이해할 수 있기 때문입니다.

4장

이제 와서 물어보기도 애매한 업무 고민

이럴 때는 어떻게 해야 하나요? Q&A

원활한 재택근무를 위해 무엇을 어떻게 하면 좋을까요?

제가 대표직을 맡고 있는 캐스터의 기업 미션은 '재택근무를 당연시한다'입니다. 주요 사업 내용은 재택근무 지원 서비스를 제공하는 것이며, 캐스터 자체가 2014년 창업 이래로 줄곧 전면 재택근무를 시행하고 있습니다. 그 결과 재택근무를 하며 느끼는 글쓰기의 어려움은 물론, 일하는 방식 자체에 대한 의문이나 답답함을 토로하는 기업과 직장인들이 제 주변에 모여들기 시작했습니다.

4장에서는 그동안 제가 받아 온 대표적인 질문들을 모아 그에 대한 답변과 개선방안을 말씀드리려 합니다. 그럼 가장 먼저 제가 강연이나 인터뷰를 할 때마다 반드시 듣게 되는 이 질문부터 시작해 보겠습니다.

Q 메신저, 이메일, SMS까지… 재택근무를 하게 된 이후로 상당히 많은 양의 텍스트 메시지를 받고 있습니다. 연락이 쌓이기 시작하면 어디서부터 손을 대야 좋을지 너무 혼란스러운데, 우선순위를 매기거나 긴급도에 따라 분류하는 등의 처리 방법을 좀 알려주세요.

A 기본적으로 메시지라는 '공'은 절대 내 손에 오래 쥐고 있어서는 안 됩니다. 답변해야 하는 메시지가 없는 상태를 늘 목표로 하시기를 바랍니다. 물론 저도 메시지와 함께 스트레스도 함께 쌓여간다는 것은 이해합니다.

메시지를 처리하는 제 나름의 방식을 알려드리겠습니다. 우선 중요도와 긴급도를 따져 우선순위를 매겨야 한다는 생각은 하지 않으셔도 됩니다. 다양한 경로로 메시지가 밀려 들어오는 환경에서는 순서를 고민하기 시작하면 처리 속도가 떨어질 수밖에 없습니다. 예를 들어 처리해야 할 메시지가 이메일로 5건, 슬랙Slack 채팅으로 3건, 사내 메신저로 2건이 들어와 있을 때 '우선순위를 매겨야 하니까 일단 전부 다 읽어봐야지'라고 생각하면 안 된다는 겁니다.

멀티태스킹의 핵심 요령은 확인한 즉시 회신하는 것입니다. 이때 주의해야 할 점은 여러 개의 툴을 번갈아 사용하며 하나씩 회신하면 효율이 떨어지기 때문에 만약 이메일 회신을 시작했다면 쌓여 있는 5건을 일단 모두 처리합니다. 그런 다음 슬랙으로 넘어가 3건을 회신하고, 이어서 메신저로 넘어가는 식으로 처리해나가는 것이 포인트입니다.

물론 상황에 따라 어떻게 답변해야 할지 고민되거나 생각이 정리되지 않을 수 있습니다.

이럴 때를 대비해 저는 다음과 같은 규칙을 정해 두었습니다.

- 5분 동안 고민해봐도 모르겠다면 잘 아는 사람에게 물어본다.
- 물어보는 동안 '확인해 보고 언제까지 답변을 주겠다'라는 취지로 일단 회신한다.

5분 동안 고민했음에도 마땅한 답변이 떠오르지 않는다는 것은 이전에 비슷한 경험을 해보지 못했거나, 상황을 충분히 이해하지 못했거나, 아니면 필요한 지식이 부족하다는 뜻입니다. 따라서 그 이상 아무리 시간을 들여 고민해봤자 답은 나오지 않습니다. 스스로 해결할 수 없다는 사실을 빠르게 인정하고 잘 아는 사람에게 물어보거나 직접 관련 자료를 추가로 찾아보되 상대에게는 시간을 조금 더 달라고 회신해 두는 것이 최선입니다.

깊이 사유하고 지식을 넓히는 것도 물론 중요하지만, 업무에서 성과를 내기 위해 자신이 가진 능력만 사용해야 한다는 법은 없습니다. 가끔은 주변 동료들의 지혜를 빌리는 편이 훨씬 빠르게 올바른 해결책에 도달할 수 있다는 사실을 기억하시기 바랍니다.

Q 상사에게 세 가지를 질문했는데 그중 두 가지만 답변을 받았습니다. 이미 한 번 했던 질문을 다시 해도 괜찮을까요?

A 같은 사무실에서 일할 때는 "나머지 하나는 어떻게 하면 좋을까요?"라고 가볍게 다시 물어볼 수 있었는데, 이메일로 하려니 쉽지 않다고 느끼시는 분들이 상당히 많다는 것은 저도 익히 들어 알고 있습니다. 하지만 확인해야 할 부분이 남아 있다면 망설이지 말고 추가 질문을 하도록 합시다.

우리가 조심스러워지는 이유는 자신도 모르는 사이 '내가 상대의 시간을 너무 많이 빼앗는 게 아닐까?', '내 이해력이 부족하다고 오해하지는 않을까?'라는 생각을 자꾸만 하게 되기 때문입니다. 하지만 애초에 상사는 세 개의 질문에 두 개의 답변만 했기 때문에 또다시 질문을 받아도 할 말이 없습니다. '내가 알아서 눈치껏 이해했어야 하는데…' 같은 배려는 하지 않아도 됩니다. 비대면 업무 환경에서는 글로 써서 보내지 않으면 아무것도 전달되지 않습니다. 이것을 전제로 서로의 경력이나 직급, 각자 가진 정보량과 관계없이 그저 업무를 진행시키기 위한 대화를 대등하게 주고받으면 됩니다. 업무에 필요한 질문을 하는 것이니 상대의 눈치를 볼 필요도 조심스러워할 필요도 없습니다. 커뮤니케이션은 전달해야 하는 내용이 제대로 전달되어야만 성립됩니다. 상대를 배려한답시고 충분히 확인하지 않고 상황을 방치한다면 언젠가 자신은 물론 상대도 곤란한 상황에 빠질 수 있습니다.

텍스트 커뮤니케이션이 어렵게 느껴지신다면 사무실에서 나누던 대화를 텍스트로 옮겨놨을 뿐이라고 생각해 보세요. 마음이 조금은 가벼워질지도 모릅니다.

또한 구어체로도 괜찮으니 생각한 내용을 그대로 텍스트로 옮기는 작업부터 시작해 보는 것도 좋습니다.

Q 업무용 채팅을 위한 글쓰기 방법이 따로 있나요?

A 우선 채팅도 대화라는 사실을 잊지 않는 것이 무엇보다 중요합니다. 그동안 업무에 사용된 텍스트 커뮤니케이션 툴은 이메일뿐이었습니다. 그래서인지 지금도 이메일을 쓰듯이 필요한 내용을 한 번에 정리해서 전달하는 경우가 적지 않습니다. 하지만 텍스트 커뮤니케이션은

대화를 말이 아닌 글로 할 뿐입니다. 직접 만나 대화를 할 때 자신이 하고 싶은 말만 계속해서 쉬지 않고 내뱉는 사람은 없겠지요. 서로 맞장구도 치고 질문과 답변을 주고받으며 대화가 깊어지기 마련입니다. 그러니 채팅을 할 때는 기존에 이메일을 쓰던 방식을 일단 잊어버리십시오. 티키타카가 잘되어야 내용을 이해하기도 쉬워집니다. 얼굴을 마주 보고 대화할 때처럼 서로 한마디씩 메시지를 주고받아 보시기 바랍니다.

한편 채팅을 기본 베이스로 일하다 보면 업무 관련 연락이나 보고에만 집중하게 되어 그 밖의 캐주얼한 질문이나 사담 등 사무실에서 옆 사람과 편하게 주고받던 대화가 줄어들 수밖에 없습니다. 하지만 가벼운 잡담은 팀 내 커뮤니케이션의 빈도를 높여주어 비대면 환경에서도 긍정적인 관계를 구축하는 데 도움이 됩니다. 따라서 전용 채팅방이나 채널을 만들어 편하고 친숙하게 소통할 수 있는 공간을 마련하도록 합시다.

Q 텍스트 커뮤니케이션이 늘어나서 힘들어하는 직원들에게 평소 어떤 조언을 해주고 계시나요?

A 캐스터에서는 한 번도 직접 만나본 적이 없거나 시차가 나는 직원과 일하는 것이 드문 일이 아닙니다. 그래서 저는 정리된 글이 아니어도 괜찮으니 생각한 것, 고민되는 것, 느끼는 것을 전부 채팅으로 남기라고 이야기하는 편입니다.

특히 합류한 지 얼마 되지 않은 직원들이 어떤 어려움을 겪고 있는지 일일이 파악하기는 쉽지 않습니다. 그러니 일단 전부 글로 적어달라고 하는 것이죠. 그 내용을 확인할 상사나 동료들은 처음 텍스트 커뮤니케이션 환경을 경험할 때 느끼는 혼란을 다른 누구보다도 잘 알고 있으니 말입니다.

다른 회사에서도 당장 적용이 가능한 조언을 꼽자면 '으아악!', '큰일났어요!' 같은 말도 안 되는 내용이라도 좋으니 일단 무엇이든 써서 자신의 상황을 알리라는 것입니다. 뭐라도 힌트를 남기면 누군가는 알아채 줍니다. 반대로 아무것도 하지 않고 있으면 알아챌 방도가 없습니다.

또한 캐스터에서는 신입 직원에게 교육 담당이 한 명씩 붙습니다. 그리고 하루 업무를 마무리하며 15분 정도 업무 내용 중에서 이해가 안 가는 부분은 없었는지, 회사에 적응하는 데 어려움은 없는지 등을 물어봅니다.

"재택근무를 하면 그런 대화를 나눌 기회가 없을 줄 알았어요."라고 말씀하시는 분들이 종종 계시는데, 전혀 그렇지 않습니다. 전면 재택근무, 즉 서로의 얼굴을 볼 수 없는 텍스트 커뮤니케이션 환경이기에 대화 횟수를 더 많이 늘려 서로 간의 연결고리를 단단하게 만들어나가는 과정이 무엇보다 중요합니다.

따라서 생각하고 있는 내용을 글로 남기는 것이 자신의 의무라는 인식을 가져야 합니다. 상대를 의심하는 마음은 텍스트 커뮤니케이션의 최대의 적입니다. 자신의 생각이나 감정을 먼저 드러내야 주변 사람들의 생각과 감정도 알 수 있고, 그 과정을 통해 신뢰를 쌓아나가게 되는 것입니다. 참고로 텍스트 커뮤니케이션 환경에서는 말로 대화하는 것보다 훨씬 짧은 시간에 더 많은 양의 대화를 주고받을 수 있습니다. 그 결과, 서로를 이해하기까지의 시간이 줄어드는 장점도 있습니다.

Q 바쁜 상사에게 되도록 빨리 답변을 받고 싶은데 어떻게 해야 하나요? 좀처럼 답장이 오지 않아서 전화를 해봐야 하나 싶고, 마음이 늘 불편합니다.

A 답장이 오지 않아 곤란하시다면 시도해 볼 만한 방법이 두 가지 있습니다. 하나는 업무용 툴을 구분하여 사용하는 것이고, 다른 하나는 답변 기한을 미리 정해주는 것입니다.

먼저 기본적인 연락은 메신저나 이메일을 그대로 활용하면 됩니다. 다만 검토가 필요한 내용이 담긴 세부 자료는 문서로 정리하거나 업무용 툴로 작성하여 따로 첨부합니다. 즉 메신저나 이메일은 대화용으로 사용하고, 논의가 필요한 안건의 제시나 검토는 다른 툴을 사용하는 식으로 구분하는 것이지요. 이 방법은 생각을 정리하는 데도 도움이 됩니다. 툴을 구분하면 머릿속 모드를 바꿔주는 효과가 있어 정신없이 바쁠 때도 업무를 하나하나 처리해나갈 수 있습니다.

또한 정해진 기한이 없으면 답장을 하지 못하는 유형의 사람들이 분명 존재합니다. '◎일까지 회신 부탁드려도 될지요? 혹시 어려우시다면 연락 주십시오.'라고 미리 적어놓기만 해도 상사의 눈치를 보거나 조급함을 느끼는 일이 줄어들 것입니다.

Q 이시쿠라 씨는 리브센스나 DeNA에서 일할 당시에 임원진 앞에서 발표할 기회가 많으셨다고 들었습니다. 바쁜 분들의 관심을 끄는 문서 작성 노하우가 있다면 알려주세요.

A 저 같은 경우에는 개요와 결론을 반드시 1페이지에 넣는 것을 철칙으로 삼고 있습니다. 투자자를 상대로 사업계획을 발표할 때는 자료의 맨 앞에 '이그제큐티브 서머리Executive Summary'라고 부르는 한 장 분량의 요약문이 반드시 들어갑니다. 쉽게 설명하자면 결재자를 위한 개요서인 셈이지요. 보통은 본론의 내용을 알기 쉽게 정리해 요점만 나열하는 방식으로 작성합니다.

이 한 장을 빠트린 채 '이 기획은…'으로 시작하는 몇십 페이지 분량의 기획서를 가져갔다가는 무슨 말을 하려는 건지 모르겠다는 질책을 받기 십상입니다.

이그제큐티브 서머리는 예를 들면 이런 내용입니다.

XX사업부 ○월 Executive Summary

1. 실적
- ● 매출 금액, 순이익 모두 달성
  - 매출 금액 115%, 순이익 107%
    (매출 목표: 1억 원 / 실적: 1억 1,500만 원
    순이익 목표: 4,000만 원 / 실적: 4,280만 원)

2. 추진 경과
- ● 1인당 매출액 전년 대비 1.3배 증가
  - **현 상황**: 전년 대비 1.08배
  - **실행 방안**: 주력 서비스 가격 인상, 오퍼레이션 재검토, 주요 고객 재검토 / 3가지 방안 중 가격 인상을 7월 중 추진 예정 / 가격 인상으로 전년 대비 1.15배까지 달성 가능할 것으로 예상 (세부 내용은 본문 2p).

- ● 경쟁 업체(A사 또는 B사)와의 연간 거래액이 10억 원 이상인 기업 중 5개 기업과의 신규 계약 체결
  - **현 상황**: 5개 사 확보 완료
  - **실행 방안**: 미끼 상품 B를 활용하여 거래 개시
    (세부 내용은 본문 3p)

- ● 차세대 리더 양성
  - **현 상황**: 후보자 선정 완료 (본문 4p)
  - **실행 방안**: 6월부터 프로젝트 총괄 리더직 수행

3. 향후 과제 및 논의사항
- ● 신규 고객사 발굴 페이스의 둔화로 금년도 예산 달성 전망이 90%로 미달
  - C사의 영업 및 마케팅 강화로 경쟁에서의 승률 43% (전년도 승률 70%)
  - 상세 분석 및 대응책은 본문 5p.

임원진을 대상으로 하는 발표뿐만 아니라, 새로운 환경에서 혹은 새로운 사람과 일하게 되었을 때 여러분이 내놓을 첫 번째 결과물은 중요한 승부처입니다. 그 성과에 따라 여러분의 평가가 좌우될 테니까요. '예상대로 일을 잘하는군', '설득력이 있어', '임팩트가 있네' 같은 평가를 받을 만한 결과물을 만들어낸다면 긍정적인 인상을 강하게 남길 수 있을 것입니다.

Q 텍스트 커뮤니케이션 과정에서 실례를 범하지 않으려면 어떤 점을 주의해야 하나요?

A 직접 얼굴을 마주 보고 대화하면 이런 말은 안 하겠지 싶은 것만 피하시면 됩니다. 그 밖에는 특별히 주의할 점은 없습니다. 평소대로 편하게 쓰시면 됩니다.

Q 일할 때 자꾸만 다이렉트 메시지를 보내는 직원이 있습니다. 선배라서 무시할 수도 없고요. 문제는 둘이서만 공유하는 내용이 늘어날수록 다른 직원들과 정보량의 차이가 생기다 보니 자꾸만 대화가 어긋나서 곤란할 때가

많다는 겁니다. 어떻게 해야 좋을까요?

A 다이렉트 메시지, 즉 DM을 선호하는 사람으로 인해 발생하는 문제는 재택근무를 도입한 기업이라면 반드시 한 번쯤은 겪게 됩니다. 이와 비슷한 질문을 받을 때마다 저는 다음과 같이 답변드리고 있습니다.

"DM을 금지하는 규칙을 만드는 것도 방법이겠지만, 그보다는 DM으로 대화하면 안 되는 이유를 확실히 전달하여 이해시키는 것이 좋습니다. 그런데도 개선되지 않는다면 그 사람을 더는 팀에 두면 안 되겠죠."

그저 일대일로 대화하고 싶을 뿐인데 너무 가혹한 처사라고 생각하실지도 모르지만, 여기에는 그럴만한 이유가 있습니다. 개인정보 노출 우려가 있는 내용은 당연히 DM으로 주고받을 필요가 있습니다. 하지만 그 이외의 내용은 개개인이 DM으로 대화해야 할 합리적인 이유가 단 하나도 없습니다.

재택근무의 최대의 적은 바로 서로에 대한 의심입니다. 서로의 얼굴을 볼 수 없는 환경이기 때문에 '나만 모르는 내용이 있네?' 아니면 '저 두 사람은 미리 말을 맞춘 것 같은

데' 싶은 생각이 드는 순간, 팀 내 신뢰 관계는 무너지고 불안감이 빠르게 퍼져나갑니다. 그리고 이런 의심과 불안은 상호 감시를 위한 보고나 회의 등 비효율적인 절차가 늘어나는 원인이 됩니다.

DM의 가장 큰 문제점은 보이지 않는다는 것입니다. 팀원 전원에게 오픈된 채널에서 업무 관련 대화가 오고 가는 동안에는 전체적인 흐름이 눈에 보이기 때문에 안심됩니다. 모르는 것이 있을 때는 물어보면 되고, 잊어버린 내용은 다시 확인하면 되지요. 하지만 DM은 두 사람이 어떤 대화를 주고받았는지, 업무에 제대로 관여하고 있는지, 얼마 전 요청했던 건과 관련된 내용인지, 뒷담화를 하거나 헛소문을 퍼트리고 있지는 않은지… 주변에서는 아무것도 보이지 않습니다. 즉 DM으로 일하기를 고집하는 사람은 팀 내에, 그리고 회사 전체에 의심의 씨앗을 뿌리고 있는 것이나 다름없습니다. 이러한 사실을 팀원들에게 충분히 전달하여 공개된 공간에서 함께 소통하는 문화를 만드는 것이 관리자가 취해야 할 기본 스탠스입니다.

Q 화상회의에 적응하기가 힘듭니다. 회의에 집중을 못해서 상사에게 지적을 받은 적도 있습니다. 혹시 개선하는 방법이 있을까요?

A 제가 드릴 수 있는 조언을 한마디로 정리하자면 '무방비한 상태로 회의에 참석하지 말고 사전 준비를 충실히 해야 한다'라는 것입니다. 물론 오프라인 회의에서도 마찬가지겠지요. 이때 사전 준비란 회의에서 다룰 내용을 미리 고민해보고 나름대로 생각을 정리하는 것을 말합니다. 사회생활을 시작하면 '스스로 생각해라!'라는 말을 듣게 되는 일이 갑자기 많아집니다. 특히 회사에서 눈에 띄는 성과를 내고 싶은 사람이나 노동 시장에서 높은 가치를 인정받고 싶은 사람이라면 스스로 생각하는 능력을 반드시 갖춰야 합니다.

하지만 여기서 문제는 스스로 생각하는 방법을 아무도 알려주지 않는다는 것이지요. 제가 개인적으로 분석해 본 스스로 생각하는 과정은 다음과 같습니다.

① 정보를 모으고,
② 사실과 가설을 구분하여,
③ 문제를 설정한다.

써놓고 보니 상당히 평범해 보이지만, 실제로 관리자의 입장에서 여러 직원들과 일하다 보면 스스로 생각할 줄 아는 사람과 그렇지 않은 사람의 차이가 명백하게 드러납니다.

우선 생각의 바탕이 되는 정보 수집을 충분히 하지 않은 상태에서 갑자기 생각을 시작하는 경우가 많습니다. 질문하신 분도 아마 이 유형에 해당하시지 않을까 싶네요. 정보가 부족하니 생각 정리가 안 되고, 그 상태로 회의에 들어가려니 마음이 불안해 집중력이 떨어지고, 결국 상사에게 지적을 받아 화상회의에 대한 트라우마가 생기신 것이 아닐까요?

스스로 생각하기 위해서는 충분한 양의 정보 수집과 정확한 사실 판단이 필요합니다. 하지만 그 과정을 건너뛰고 상상만으로 아이디어를 낸 다음 스스로 생각했다고 믿는 경우가 많습니다. 예를 들어 "일단 회의를 잡아볼까요?", "아이디어부터 내봅시다" 같은 말을 자주 한다면 이 유형에 해당합니다. 저는 되도록 이런 제안을 하는 사람은 피하는 편입니다.

생각하기 위한 정보 수집에도 기술이 필요합니다. 기술이라고 해도 어려운 것은 아닙니다. 먼저 한 차례 검색하고,

이때 나온 정보를 바탕으로 관련 정보를 조금만 더 찾아보는 작업을 한다면 충분합니다. 생각해야 하는 대상의 전체적인 형태를 파악했다면, 거기서부터 시작하면 됩니다.

다음 단계는 수집한 정보를 사실과 가설로 나누는 것입니다.

- 사실 …… 확실한 데이터, 과거 사례 등
- 가설 …… 정보로부터 도출해낼 수 있는 것

여기에 많은 사람이 빠지고 마는 함정이 도사리고 있습니다. 그 함정은 바로 한 가지 현상에 과하게 반응해 버리는 것입니다.

예를 들어 특정 상품에 대한 소비자의 문의가 줄고 있습니다. 이때 문의 수가 줄었다는 현상에만 주목하여 문의 수를 늘리는 방법을 고민하기 시작하는 것은 흔히 볼 수 있는 패턴입니다. 하지만 실제로 고민해야 할 부분은 따로 있습니다.

- 문의 수가 왜 줄고 있는가?
- 이전과 비교하여 얼마나 줄었는가?

이처럼 문의가 줄어든 현상의 발생 원인에 관한 가설을 세워 검증하고 어디서부터 문제가 발생한 것인지 정확히 파악해야만 올바른 해결책을 생각할 수 있습니다. 하지만 사람들은 대체로 해결책을 생각하는 것에만 관심이 쏠려 시간을 낭비하게 되는 것입니다.

여기서 질문하신 분의 문제로 다시 돌아가 보겠습니다. 화상회의에서도 마찬가지로 해결책만 좇다 보면 "문제가 뭐였는데?" 또는 "그 전에 생각해야 할 게 따로 있지 않나?"라는 지적을 받을 수밖에 없습니다. 애초에 문제의 설정 자체가 잘못되었다면 아무리 좋은 대책을 내놓아도 원하는 결과를 얻을 수 없을 테니까요.

스스로 생각하는 데 있어서 중요한 것은 해결책보다도 무엇이 문제인지를 정확히 판단하는 것입니다. 시간 배분으로 따지자면 2:8이나 1:9로 나눈다 해도 과언이 아닐 정도로 중요도의 차이가 있습니다. 다만 제가 보기에 문제를 설정할 수 있는 사람은 극히 드뭅니다. 이것을 제대로 할 줄 아는 사람이야말로 스스로 생각하는 사람이라고 볼 수 있겠네요.

따라서 오늘부터 정보를 수집하고 사실과 가설을 구분하

여 문제를 설정하는 일련의 과정을 의식하며 업무에 임해 보시기를 바랍니다. 꾸준히 연습하다 보면 누구나 스스로 생각하는 인재가 될 수 있을 것입니다.

Q 화상회의 중에 상사가 자꾸만 논점에서 벗어난 이야기를 하는 바람에 회의가 늘 예정된 시간보다 길어지는데 어떻게 해야 좋을까요?

A 회의를 시작하기 전에 회의 자료를 미리 보내두면 좋습니다. 그리고 회의를 시작할 때 "오늘은 ◎◎을 결정하기 위해 모였습니다."라고 회의의 목적을 다시 한 번 구체적으로 언급해 줍니다. 정보 공유는 회의 시작 전에 모두 끝내고 회의에서는 논의나 합의만 진행하기로 정해 두면 논점에서 벗어나는 일이 크게 줄어들 것입니다. 또한 회의 종료 시각을 미리 정해 두면 '여기서 말을 끊으면 실례가 될까?'라는 고민을 할 필요가 없습니다. 저는 회의 자료 사전 공유와 비대면 미팅의 조합을 실천한 이래로 회의에 들이는 시간이 크게 줄었습니다. 예전에는 당연하다는 듯 기본 한 시간씩 회의를 진행했지만, 지금은 아무리 길어도 15분 정도만 이야기를 나누면 해결되는 경우

가 대부분입니다. 그 이유는 물론 회의에서 논의할 내용을 사전에 참가자들과 모두 공유하고 있기 때문이고요.

Q 업무 속도를 높이는 좋은 방법이 있을까요?

A 저는 매일 18시 전후로는 일을 마무리하고 주말에 일하는 경우도 거의 없습니다. 특별히 태스크 관리를 하고 있지는 않고, 앞서 답변드린 것처럼 기본적으로 메시지를 받으면 바로바로 처리할 뿐입니다. 업무용 툴도 그다지 잘 다루는 편이 아니기 때문에 아직 세상에 알려지지 않은 대단한 애플리케이션을 사용하고 있는 것도 아닙니다. 그렇다면 무엇이 제 업무 처리 속도를 빠르게 만들었을까요? 저는 극적으로 업무 속도가 빨라지는 다음의 세 가지 방법을 실천하고 있습니다.

① 타이핑

너무 뻔하다고 생각하실지도 모르지만 의외로 많은 분이 게을리하는 것이 타자 연습입니다. 사무직에 종사하는 분들은 컴퓨터로 작업하는 일이 많기 때문에 타이핑 속도와 정확도에 따라 처리할 수 있는 업무량이 크게 달라집니다. 저는 메신저나 이메일 회신이 빠르다는 말을 종종 듣습니다만, 아마 처리 속도보다도 타자가 빨라서일 겁니다. 타이핑은 무료로 연습할 수 있는 소프트웨어가 많습니다. 어떤 것을 활용하든 상관없으니 최고 등급이 될 때까지 실력을 연마해 보시기 바랍니다. 매일 30분 정도만 투자해도 업무 능률이 눈에 띄게 향상됩니다.

② **단축키**

평소 우리가 업무에 흔히 사용하는 소프트웨어나 애플리케이션에는 다양한 단축키가 설정되어 있습니다. 윈도우 단축키, 인터넷 브라우저 단축키, 엑셀이나 스프레드시트 단축키, 지메일 단축키, 슬랙 단축키 등등 이것들을 외워서 사용하기만 해도 업무 처리 속도가 확실히 빨라집니다. 자주 사용하는 단축키는 대체로 하나의 툴에 5~10개 정도밖에 되지 않으니 부담을 느끼실 필요는 없습니다. 익숙해지면 손이 알아서 기억할 테니까요.

③ **함수**

함수야말로 업무의 기본이지요. 엑셀 또는 스프레드시트에서 함수를 사용할 수 있는지 없는지, 피벗 테이블 Pivot Table을 만들 수 있는지 없는지에 따라 표를 만드는 속도나 데이터를 분석하는 데 들이는 시간에 큰 차이가 생깁니다. 엑셀이나 스프레드시트는 직장인에게 너무나 익숙하다 보니 등한시하기 쉽지만, 상당히 뛰어난 툴입니다. 머릿속에 떠오르는 생각은 거의 다 함수로 처리할 수 있을 정도입니다. 논리식의 결과가 참인지 거짓인지에 따라 지정된 값을 반환하는 IF 함수나 지정된 범위에 포함된 숫자를 모두 더해주는 SUM 함수 등을 포함해 10개 정도만 기억해 두면 업무를 하는 데 아무 문제 없을 것입니다. 데이터 분석 능력 향상도 덤으로 기대해 볼 수 있고요.

이 세 가지를 모두 잘하는 사람은 극소수입니다. 제가 느끼기에는 컴퓨터로 일하는 전체 인원의 10퍼센트도 채 되지 않는 것 같습니다. 그러니 이 세 가지만 마스터해도 뛰어난 정보 처리 능력을 갖춘 인재가 될 수 있습니다. 게다가 한 번 익혀두면 거의 평생을 활용할 수 있으니 부디 시도해 보시기를 바랍니다.

마지막으로 저로서는 상당히 드문 일입니다만, 멘탈 관리를 위한 조언을 하나 해드리고자 합니다.

일은 끝나지 않는다는 사실을 받아들이는 것. 이것은 직장 생활을 하는 데 있어 꼭 필요한 마음가짐입니다. 재택근무든 아니든 요즘은 모두가 바쁘게 살아가는 시대입니다. 잘게 구분된 업무가 끊임없이 생겨나지요. 그 안에서 '일이 도무지 끝나지를 않네' 혹은 '오늘도 결국 다 못 했어' 같은 생각을 하기 시작하면 마음이 괴로워질 수밖에 없습니다.

물론 약속된 일은 마무리해야겠지요. 하지만 일은 끝나지 않는 것이 당연합니다. 오늘 해야 할 일을 오늘 다 끝내지 못했다고 해서 죽는 것도 아니고, 주변 동료들에게 민폐를 끼칠 만큼 큰일이 일어나는 경우도 거의 없습니다. 업무 종료 시각에 딱 맞춰 일이 마무리되지 않는 것이 오히려 정상입니다. 적당히 잘 해냈다는 생각이 드는 날에는 스스로 칭찬해 주도록 합시다. 그러다 보면 업무 의욕도 오래도록 유지할 수 있고, 직장 생활이 고통스럽게 느껴질 일도 없습니다.

업무 시간 내에 모든 일을 끝낸다는 것은 환상입니다. 자신의 페이스대로 나아가되 그 과정을 주변에 제대로 전달한다면 모든 일이 순조롭게 진행될 것입니다.

5장

글로만 일하는
업무 환경이 바꿔놓을
우리의 미래

한 번도 만난 적 없는 사람과 함께 일하는 조직

마지막으로 5장에서는 지난 7년간 전면 재택근무로 회사를 운영해 오는 과정에서 보이기 시작한 '일하는 방식이 바뀐 이후의 미래'에 관해 이야기하고자 합니다.

다시 한번 소개해드리자면 제가 현재 CRO$^{Chief\ Remotework\ Officer}$로 소속되어 있는 주식회사 캐스터는 일본 내 47개 도도부현을 비롯하여 전 세계 23개국에서 생활하는 1,500명 이상의 직원들이 전면 재택근무로 일하는 회사입니다. 재택근무 지원을 시작으로 현재 다양한 사업을 전개하고 있으며, 직원들이 직접 고용 형태를 선택하고 부업도 자유롭게 할 수 있는 등 기존의 조직에서는 찾아보기 힘든 운영 방식으로도 꾸준한 성장을 이어가고 있습니다. 1,500명이 넘는 직원 중 약 절반은 풀타임으로 일하는 정규직 사원이고, 나머지 절반은 단기 계약직이나 시간제 아르바이트, 업무 위탁 프리랜서 등입니다. 물론 급여는 어디에서 살든 도쿄와 같은 수준입니다. 지역, 성별, 고용 형태와 관계없이 맡은 업무와 그 성과만으로 공평하게 급여나 보수가 책정되는 구조입니다.

캐스터에 입사하기를 희망하는 인원은 매달 3,000명이 넘습니다. 저는 이 숫자가 일하는 장소에 얽매이고 싶지 않은 사람이 전국에 얼마나 많은지를 증명한다고 생각합니다.

제가 캐스터에 합류한 것은 2015년으로, 코로나19 사태를 경험하기 한참 이전의 일입니다. 그 무렵부터 캐스터에서는 팬데믹 때문이 아닌 다른 이유로 전면 재택근무를 시행하기 시작하였습니다. 그 이유가 과연 무엇이었을까요? 재택근무가 필연적이라고 생각했기 때문입니다. 그럼 어째서 재택근무가 필연적일 수밖에 없는 걸까요? 일본의 경우 인구가 감소하는 추세에 있고, 그로 인해 앞으로는 노동력도 부족해집니다. 여러 통계 데이터에 따르면 일본은 40년 이내(2060년까지)에 약 3,800만 명, 즉 30.2퍼센트가량 인구가 줄어들 것으로 예상됩니다. 전체 인구가 9,000만 명까지 줄어드는 셈인데, 이는 1950년 무렵과 거의 동일한 수준이라고 합니다. 참고로 현재 도쿄도, 가나가와현, 지바현, 사이타마현의 인구를 합치면 약 3,663만 명입니다. 즉 수도권에 해당하는 4개 지역에 사는 모든 사람이 사라진다고 상상해보면 인구 감소가 더욱 현실감 있게 다가옵니다.

게다가 더욱 심각한 것은 바로 인구 피라미드 형태의 변화입니다. 일본은 이미 초고령사회로 접어들었지만, 앞으로 점점 더 고령화와 저출산 문제가 심화될 것입니다. 65

세 이상 인구는 거의 줄지 않는 반면, 15세에서 64세 사이 생산가능인구와 14세 이하 유소년 인구는 계속해서 감소하고 있습니다. 2020년부터 2030년까지의 14세 이하 인구의 예상 감소율은 9.1퍼센트로 매우 높으며, 그 영향으로 2035년부터 2056년까지 15~64세 인구도 크게 감소할 것으로 예상됩니다. 특히 2020년에서 2030년 사이에 생산가능인구가 약 8퍼센트 줄어들 것이라는 예측은 거의 확실시 되고 있습니다.

일할 사람이 줄어든 미래에 반드시 일어날 두 가지 변화

이러한 흐름 속에서 두 가지 변화가 생겨납니다. 먼저 첫 번째는 만성적인 일손 부족입니다. 일본의 경우 현재 젊은 세대 인구가 줄어들며 유효구인배율*이 계속해서 높아지는 추세입니다. 2020년 대졸 신입의 유효구인배율은 1.83이었으며, 직원이 300명 이하인 중소기업만 따지면 무려 8.6에 달합니다. 쉽게 말하자면 구직자는 1명인데 일자리는 9개나 되는 상황인 셈이지요. 일본 기업의 대부분이 중소기업임에

---

*역주 일자리 수를 구직자 수로 나눈 수치입니다. 따라서 이 수치가 1 이하면 구직난을 뜻하고 1 이상이면 구인난을 뜻하게 됩니다.

도 이미 직원을 채용하는 것 자체가 매우 어렵고, 경기 변동의 영향을 받는다고 해도 인구 감소 속도가 더욱 빨라져 만성적인 인력 부족은 계속 이어질 것으로 보입니다.

두 번째 변화는 부업이나 N잡, 프리랜서, 재택근무 등 자유로운 방식으로 일하기를 희망하거나 또는 실제로 그렇게 일하는 사람의 지속적인 증가입니다. 업무 위탁 중개회사인 랜서스Lancers에서 실시한 프리랜서 실태 조사 결과에 따르면 넓은 의미의 프리랜서 인구는 이미 1,100만 명을 넘어섰습니다. 앞으로는 여러 가지 일을 병행하거나 좋아하는 장소에서 원하는 시간에 일하는 사람의 비율이 꾸준히 늘어날 것입니다.

한편 기업에서는 지금처럼 도심에 위치한 사무실에서 전일제 정규직 직원들을 중심으로 조직을 꾸려 운영하기가 점점 어려워집니다. 이러한 변화에 발맞추어 기업에서는 아마 다음의 두 가지 방법으로 대응하려 할 것입니다.

- 첨단기술을 적극적으로 도입하여 사람 없이도 회사가 돌아가게 만든다.
- 정규직이든 아니든, 전일제든 아니든, 출근하든 안 하든, 성별, 거주지, 국적을 불문하고 다양한 구성원으로 조직을 꾸려 회사를 운영한다.

인구 감소의 빠른 속도로 봤을 때, 아마 대부분의 기업이 둘 중 한 가지를 선택하기보다는 두 가지 방법을 동시에 시도할 것으로 예상됩니다. 그러다 보면 일하는 장소와 시간, 고용 형태, 그리고 사람과 기술의 경계가 점차 모호해지고, 다양한 형태의 구성원으로 조직을 재편성하는 기업이 자연스럽게 늘어나겠지요.

저는 이처럼 장소, 시간, 고용 형태 등의 경계가 모호한 조직을 보더리스borderless 조직이라고 부릅니다. 그리고 이 보더리스 조직이야말로 가까운 미래에 우리가 경험하게 될 새로운 조직의 형태라고 확신합니다.

조직의 다양성이 확대될수록 글쓰기의 가치는 더욱 높아집니다

지금까지 일본 기업은 본사가 도쿄에 있는지가 성장을 위한 필수 조건 중 하나였습니다. 하지만 앞으로는 사무실이 어디에 있든 우수한 인재를 확보할 수 있는 환경으로 바뀌어 갈 것입니다.

재택근무를 시행하는 보더리스 조직이 늘어남에 따라 업무에 필요한 커뮤니케이션 방식은 쓰기와 읽기가 주류가 되겠지요. 즉 텍스트 커뮤니케이션을 잘하는 사람은 앞으로 어디에서 생활하든 자신의 능력에 맞는 일자리와 보수를 얻을 수 있다는 뜻입니다.

경영자의 입장에서 본 재택근무 시행의 장점

코로나19 사태가 일어나기 이전부터 일본은 선진국 중에서도 업무에 대한 열의가 특히 낮다는 사실이 여러 조사 결과 드러났습니다. 즉 사무실에 오랜 시간 머무른다고 해서 애사심이나 업무 의욕이 높아지는 것은 아니라는 뜻입니다. 반대로 말하면 직장 내에서의 과도하게 친밀한 인간관계를 불편하다고 느끼거나 회사와 어느 정도 거리를 두고 싶어 하는 성향의 사람도 받아들일 수 있는 넓은 마음이 조직에 필요하지 않을까 생각합니다.

또한 재택근무가 확대되면 사무실 임대료나 교통비 지원 등이 줄어들기 때문에 비용을 크게 절약할 수 있습니다. 채용 과정에서도 비용을 들이지 않고 다양한 지역에서 우수한 직원을 빠르게 뽑을 수 있다는 장점이 있고요. 캐스터의 사례로 말씀드리자면 재택근무를 통해 회사 경영의 여러 족쇄에서 벗어날 수 있었기 때문에 앞으로도 사무실 근무를 도입할 생각이 전혀 없습니다. 캐스터의 본사는 미야자

키현 사이토시에 있습니다. 하지만 직원들은 국내외 어디에 있든 일하는 데 아무런 불편함이 없습니다. 만약 도쿄에 위치한 사무실로 출근하는 것이 입사의 전제 조건이었다면 통근권 내에 거주하는 사람 중에서만 채용을 해야 했을 겁니다.

지금까지는 경제활동이 가능한 인구가 충분했기 때문에 통근 가능한 사람 중에서도 능력이 뛰어나고, 기업이 추구하는 가치에 부합하고, 또 사무실까지 오는 것을 고통스럽게 여기지 않는 인재가 많이 모여들었을지도 모릅니다. 그러나 현재 수도권에서는 이미 구인 경쟁이 치열해졌고, 채용 절차에 들어가는 비용도 만만치 않습니다. 대신 재택근무라면 전 세계에서 직원을 채용할 수 있기 때문에 후보자 파이 자체가 크게 확대됩니다.

그리고 또 한 가지 강조하고 싶은 부분은 제가 지난 7년간 캐스터의 대표로 일하며 경험한 바로는 대면이 아니면 안 되는 업무는 딱히 없습니다. 채용 면접이나 사내 면담도 비대면으로 충분히 잘 진행할 수 있습니다.

다른 무엇보다도 행동과 결과가 중시되는 시대

보더리스 조직에서는 구성원의 성별이나 거주지, 고용 형태 등이 더는 중요하지 않습니다.

- 무엇을 할 수 있는 사람인가 (역할)
- 제 역할을 다할 수 있는 사람인가 (결과)

앞으로는 이 두 가지만 보면 됩니다. 이것은 일을 잘하는 사람과 못하는 사람이 확실히 구별된다는 의미이기도 합니다. 그리고 일을 잘하는지 못하는지를 결정하는 데 큰 부분을 차지하는 것이 제대로 쓸 줄 알고 제대로 읽을 줄 아는가입니다.

기존의 대면 업무 환경에서는 목소리가 큰 사람, 빠른 눈치로 타협점을 찾는 사람, 성과를 어필할 줄 아는 사람 등의 '노력하는 자세'가 긍정적 평가로 이어지는 경우가 종종 있었습니다. 하지만 재택근무 제도가 정착하고 텍스트 커뮤니케이션이 주류가 되면 자세가 아니라 '행동'과 '결과'에 초점이 맞춰지게 됩니다. 실적을 내지 못했거나 일을 제대로 처리하지 못해도 노력하는 자세만으로 어물쩍 넘어가던 사람들은 더 이상 따라가지 못할 것입니다. 대화에 제대로 참여도 못 하고 아웃풋도 줄어들겠지요. 그리고 이것은 실무를 하는 사람들에게만 해당하는 이야기가 아니라, 저를 포함한 관리직이나 임원들도 마찬가지입니다.

앞으로 우리는 구성원 개개인의 업무 능력이 온라인 환경에서 텍스트의 형태로 회사 전체에 공개되는 환경에서 일하게 될 것입니다. 이러한 변화를 긍정적으로 받아들일 수 있을지는 각자의 능력에 따라 다르겠지요.

예를 들어 캐스터에서 운영하는 재택 파견 서비스에 등록된 회원 중에는 자신의 능력과 경험을 살려 일하는 분들이 상당히 많습니다. 사무 보조, 영업 지원, IT 기술자 외에도 혼자 결산 업무까지 할 수 있는 경리직, 10년 이상의 콜센터 근무 경력이 있는 CS 상담직, 최근까지도 외국계 투자사에서 근무한 홍보직 등 하나의 직종에 오랜 기간 몸담아 온 분들이 새로운 일자리를 찾고 있습니다. 또한 비대면으로 일하는 재택 파견의 특성상 전국 각지에서 인재를 찾을 수 있어 기업 측에서 요구하는 조건에 꼭 맞는 사람을 찾게 될 확률도 훨씬 높습니다.

앞으로는 글쓰기 실력으로 자신의 가치를 높일 수 있습니다

지금까지는 전일제 정규직과 단기 계약직, 그리고 프리랜서가 비교될 만한 상황이 거의 없었습니다. 하지만 앞으로는 서로 수행하는 역할이 같다면 동등한 조건에서 비교 대상이 될 것입니다. 그렇게 되면 객관적으로 봤을 때 실제로는 능력이 별로 없다거나 현재 받고 있는 급여만큼의 성과를 내지 못하는 '수도권에 거주하는 정규직 남성'이 많이 나타나지 않을까 싶습니다.

본인이 의식하고 있었든 아니든 다음과 같은 조건들로 인해 지금까지 안정적인 생활을 영위해 올 수 있었다는 사실을 깨닫게 될 것입니다.

- 수도권에 거주하는 것
- 장시간 지속하여 일할 수 있는 것
- 정규직인 것

그동안 대졸 일괄 채용, 종신 고용 제도, 연공 서열과 같은 전통적인 일본형 고용 시스템 속에서 안정적으로 일해왔는데, 갑자기 고용 형태나 일하는 장소가 전혀 다른 사람들과의 경쟁이 시작되는 셈이니 상당한 위기 상황이라고 볼 수 있습니다.

이러한 점은 벤처기업, 이른바 일본형 고용 시스템을 따르지 않는 회사에 다니는 경우도 마찬가지입니다. 벤처기업이야말로 즉시 업무에 투입이 가능한 인재를 필요로 하는데다 채용 인원도 적어 업무 강도가 상대적으로 높다 보니 자연스럽게 남성 중심으로 조직이 구성되는 경우가 많았습니다. 하지만 이런 기업일수록 보더리스 조직으로 변화해가며 우수한 사람을 채용하기 위한 방식을 훨씬 더 유연하게 도입할 것입니다. 아마 풀타임으로 근무할 수 있는 사람을 채용하기보다는 프로젝트별로 경험 많고 능력 있는 인재를 여러 명 뽑아 운영하는 방식을 취하겠지요. 앞으로 기업에서 개개인의 역할과 성과를 중심으로 조직을 운영하고 인원을 배치하게 되었을 때 결과적으로 잉여 인력으로 여겨질 가능성이 큰 것은 수도권에 거주하는 정규직 남성이 아닐까 하는 것이 제 개인적인 생각입니다.

그러니 부디 제가 이 책에서 소개한 기술을 몸에 익혀두시기를 바랍니다. 비대면으로 일하는 환경에서 우리에게 필요한 것은 업무 내용을 구조적으로 분석하고 파악하는 능력입니다. 이와 더불어 이해하기 쉽게 글로 써서 공유할 수 있다면 일이 편해지고 성과도 따릅니다. 일하는 장소가 멀리 떨어져 있거나 심지어는 시차가 있는 경우에도 텍스트 커뮤니케이션을 적절히 활용하면 일하는 데 아무런 문제가 없습니다. 오히려 일하는 장소와 고용 형태를 불문하고 다양한 환경에 있는 사람들과 협업할 수 있거나, 먼 곳에서 일하는 팀원들을 관리하여 성과를 낼 수 있다면 여러분은 한층 더 높은 평가를 받게 될 것입니다.

글쓰기 능력이 시장 가치에 미치는 영향

보더리스 조직이 늘어날수록 일하는 방식을 자유롭게 선택할 수 있다는 장점도 있지만, 한편으로는 일을 잘하는 사람과 못하는 사람의 차이가 한눈에 드러나는 환경에 적응해 나가야만 합니다.

이런 환경에서는 수도권에 거주하는 정규직 남성이라는 언뜻 보기에 가장 안정되어 보이는 사람들이 위기에 직면하게 될 가능성이 높습니다. 비대면으로 일하는 것이 당연해지고 커뮤니케이션의 주축이 말하기에서 쓰기로 점차 바뀌어 갈수록 안정적이라고 믿었던 그들의 기반은 흔들릴 수밖에 없으니 말입니다. 현재 비대면으로 일하는지 아닌지와 관계없이 앞으로는 일하는 방식을 조금씩 바꿔나가야 하는 시대가 되었습니다. 같은 사무실 내에서 일하지 않는 사람과 소통해야 하는 상황이 점차 늘어나고 있기 때문입니다. 재택근무를 위한 텍스트 커뮤니케이션이나 정보 공유 방식을 미리 익혀두지 않으면 조만간 업무에 차질이 생길지도 모릅니다. "나는 어차피 재택근무 안 하니까 상관없어"라고 말하는 사람들도 얼마 가지 않아 몸소 깨닫게 되겠지요.

함께 일하는 동료들이 외국에 살고 있어 시차가 발생한다 해도 텍스트로 소통하면 문제없습니다. 처리 기한을 정해두고 필요한 내용을 글로 정리해서 보내두면 지연되는 일 없이 순조롭게 진행됩니다.

정규직인지 아닌지, 풀타임으로 근무하는지 아닌지, 사무실로 출근하는지 아닌지, 성별, 거주지, 국적 등을 불문한 인재 채용이 시작되면 여러 조직에서 다양화가 이루어지겠지요. 그렇게 되면 '대충 말해도 이해해 주겠지', '눈치껏 알아서 해야지', '하나를 말하면 열을 아는 사람이 필요해' 같은 기존의 문화는 더 이상 통용되지 않을 것입니다. 업무를 하는 데 있어 텍스트 커뮤니케이션이 중심이 되어가다 보면 신중하게 전달하는 것, 생각한 내용을 모두 글로 표현하는 것, 상대가 보낸 메시지를 정확히 이해하는 것을 게을리할 수 없게 됩니다. 이러한 변화에 대응하기 위해서는 개개인이 업무 환경이나 방식에 대한 인식을 바꿔나가야 할 필요가 있습니다.

지금 여러분의 노력이 열매를 맺기 위해서는 앞으로의 사회적인 흐름, 특히 중장기적으로 봤을 때 틀리지 않아 보이는 방향성을 스스로 발견하고, 어떻게 하면 그 안에서 희소성 있는 존재가 될 수 있는지를 고민해야 합니다. 그리고 그중에서도 저는 글쓰기 능력을 갈고닦는 일이 반드시 여러분의 가치를 높여줄 것이라고 확신합니다.

마지막으로 여러분에게 전하고 싶은 말

지금까지 읽어 주셔서 진심으로 감사드립니다.

저는 사실 커뮤니케이션을 잘하는 사람은 아닙니다. 어렸을 때부터 '내가 별난가?', '보통 사람들이랑 좀 다른가?'라는 생각을 종종 해왔습니다. 학교에 다니고 사회생활을 시작한 후에도 분위기 파악을 못 해서 괜한 말을 내뱉거나 제 한 마디로 주변 분위기가 싸해지는 등 수많은 실패를 거듭해 왔고요. 어쩌면 이런 경험들이 제가 텍스트 커뮤니케이션 능력을 길러야겠다고 생각한 원동력이 되었던 것인지도 모르겠습니다. 분위기는 못 읽어도 글은 제대로 읽어

낼 수 있습니다. 글이라면 이상한 말을 내뱉기 전에 미리 확인할 수 있습니다. 이처럼 글은 다양한 역할을 해낼 수 있다고 생각합니다.

이 책을 선택해 주신 분들 중에는 '커뮤니케이션에 자신 있는 편이지만, 텍스트로도 잘하고 싶다'라는 분도 계실 테고 아니면 '커뮤니케이션에 안 그래도 소질이 없는데 텍스트로 하려니 더 어렵게 느껴진다'라는 분도 계시겠지요. 이 책이 글쓰기와 관련된 여러분의 고민을 조금이나마 덜어드릴 수 있었다면 더할 나위 없이 기쁠 것 같습니다. 사람은 누구나 자신의 부족한 면에 집중하거나 남들에게 미움받고 있지 않은지 고민하게 될 때가 있습니다. 하지만 앞으로는 텍스트 커뮤니케이션이 이런 걱정을 줄여줄 것이라고 저는 믿어 의심치 않습니다.

Note

Note

Note

Note

Note

책잡힐 일 없는 최강의 업무 글쓰기

THE FORMAT

초   판 인쇄   2023년 10월 31일
1   쇄 발행   2023년 11월 15일

지 은 이 이시쿠라 히데아키
옮 긴 이 이다인
펴 낸 이 이송준
펴 낸 곳 인간희극
등   록 2005년 1월 11일 제319-2005-2호
주   소 서울특별시 동작구 사당동 1028-22
전   화 02-599-0229
팩   스 0505-599-0230
이 메 일 humancomedy@paran.com

ISBN 978-89-93784-79-4 13000

- 잘못 만들어진 책은 구입하신 곳에서 바꾸어 드립니다.
- 값은 표지에 표기되어 있습니다.